LOGOS

로고스8 완전정복

∧
세움북스는 기독교 가치관으로 교회와 성도를 건강하게 세우는 바른 책을 만들어 갑니다.

성경연구프로그램
가이드북시리즈 2

로고스8 완전정복

초판 1쇄 인쇄 2019년 10월 20일
초판 1쇄 발행 2019년 10월 25일

지은이 | 김한원
펴낸이 | 강인구

펴낸곳 | 세움북스
등 록 | 제2014-000144호
주 소 | 서울시 마포구 양화로 78, 502호(서교동, 서교빌딩)
전 화 | 02-3144-3500
팩 스 | 02-6008-5712
이메일 | cdgn@daum.net

디자인 | 참디자인

ISBN 979-11-87025-51-1 (93230)

성경연구프로그램
가이드북시리즈 2

LOGOS 한글판

로고스8
완전정복

MASTERING LOGOS BIBLE SOFTWARE

김한원 지음

세움북스

이 책의 사용법

로고스 사용에 관한 설명서 사용법이라니, 로고스가 참 어려운 프로그램이라 생각하실 지도 모르겠습니다. 그러나 사실은 일반적인 책읽기 방법에 메이지 말고, 부담없이 다양한 방법을 사용해도 된다는 말씀을 드리려고 합니다.

순서대로 읽어도 좋습니다. 이 책은 주제들로 묶어져서 단원을 진행하는데, 일반적으로 알아야 할 순서대로 단원이 진행됩니다. 책의 순서대로 로고스를 실행해 가면서 내용을 익히면 가장 효율적입니다. 그리고 매뉴얼은 일반 서적보다도 직접해 보는 것이 중요합니다. 해보지 않으면 자신이 원하는 기능을 익히기가 상당히 어렵습니다. 읽지만 마시고 꼭 함께 실행해 봅시다.

순서는 상관없이 필요한 부문만 읽어도 좋습니다. 책의 구성을 가급적 여러분의 필요에 따라 중요한 기능을 소개하려고 노력했습니다. 그런데 이 책의 독자들은 대부분 보고서, 말씀 준비에 쫓기는 신학생, 목회자들이 많으며, 이분들은 아마도 차근차근 살펴볼 시간이 부족할 것입니다. 그리고 신학 전공자가 아니면서, 프로그램까지 사용하여 말씀 연구, 신학 연구를 하시려는 분들은 더욱 시간이 충분하지 않습니다. 그러므로 목차나 색인을 이용하여 어디에서 시작하든 당장 사용하려는 기능을 익히세요. 예를 들어 화면 배치의 자세한 내용 보다도, '연구'를 빨리 진행하려면 몇 종류의 연구 길잡이를 먼저 익히시는 편이 훨씬 좋습니다. 일단 급한 분들은 원하는 기능을 찾아 실행해 보세요. 순서에 개의치 않아도 좋습니다.

혼자 읽어도 좋지만, 함께 읽으면 더 좋습니다. 로고스 성경 프로그램은 버전 8에서 공유기능이 강화되었습니다. 사용자가 작성한 문서나 스크랩, 검색 등을 나누면 훨씬 더 효과적인 학습과 연구가 됩니다. 공개적으로 자료나 기능의 링크를 나누어도 좋고, 커뮤니티를 만들어 나누어도 좋습니다. 혼자 사용하고 연구할 때보다 훨씬 흥미롭고 이해도 깊어질 것입니다.

그리고 여러 채널을 통하여 이 책을 사용한 온라인, 오프라인 강의를 마련할 예정입니다. 책으로 익혔을 때 어려운 점이 있다면 그러한 자리를 통해 여러분을 직접 뵙고 싶습니다. 로고스 로고램은 그 기능이 다양하고 강력하지만, 익히려는 열심만 있다면 결코 어렵지 않습니다. 기존의 어떤 방법보다도 사용자들이 깊은 성경 연구의 세계로 안내해 줄 것입니다.

저자 **김 한 원** 드림

목차

Appendix 01
바이블웍스 사용자를 위한 로고스 사용법

Appendix 02
어떤 자료를 갖출 것인가?

Appendix 03
키보드 변환기
(Keyboard Switcher)

Appendix 04
형태론(Morphology) 코드 체계 종류

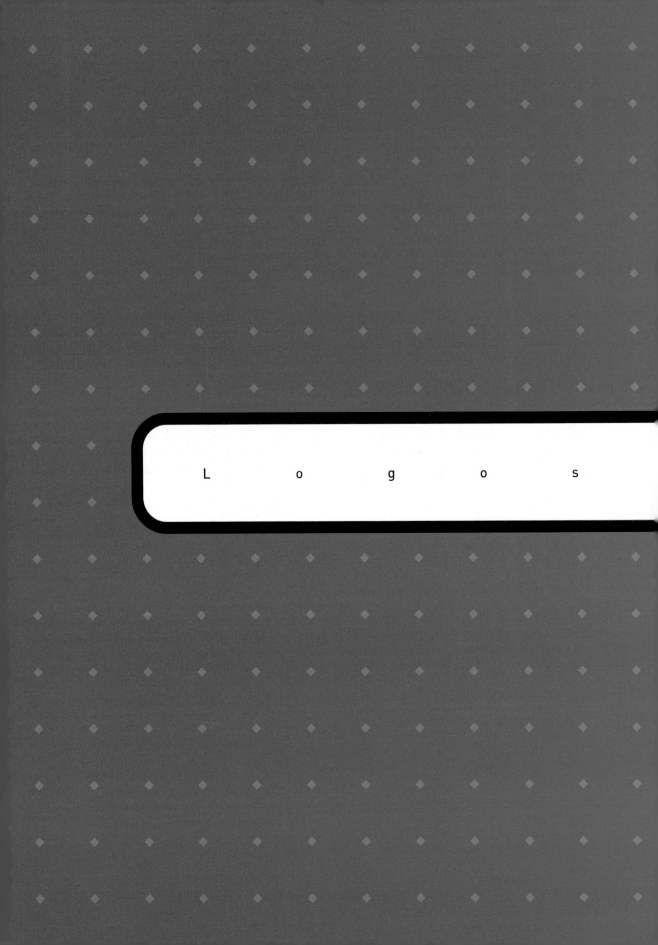

Logos

PART 01
시작하기

01
컴퓨터를 이용한
성경 연구

이제는 어떤 분야이든지 컴퓨터를 사용합니다. 신학도 예외는 아닙니다. 과거에는 하나님의 말씀을 연구할 때, 경건하지 못하게 컴퓨터를 사용한다고 꺼리는 분위기도 없지 않았습니다. 왠지 성경 연구는 다른 것 없이 성경책 한 권과 손때 묻은 공책으로 골방에서 무릎 꿇고 해야 할 것 같았던 것이죠. 하지만 최근에는 이해가 많이 깊어 졌습니다. 도리어 제한된 시간 내에 깊이 있게 말씀을 연구하고 조망하려면 프로그램의 도움을 받아야 하며, 묵상할 시간을 확보할 수 있다고 공감하는 이들이 많습니다. 신학을 전공하지 않은 일반 성도들도 스마트폰 앱을 이용하여 성경을 읽고 연구하는 일도 흔하게 되었고요. 전문적인 신학 연구에 사용되는 도구의 발전은 더욱 눈부십니다. 원어를 쉽게 연구하도록 하며, 단어는 물론 문장 구조를 샅샅이 분석하고, 본문을 다룬 자료를 분석하고 정리하여 이전에는 수 십 년 이상 걸렸을 연구를 단시간에 끝냅니다. 특히 예전에는 종이책으로만 구할 수 있었던 권위있는 자료를 프로그램 상에서 손쉽게 연구할 수 있게 되었죠.

그중에서도 Faithlife 사의 Logos 바이블 소프트웨어[1](이하 로고스)는 다양한 자료를 종합적으로 다룰 수 있는 프로그램으로 정평이 나 있습니다. 특히 최근에는 한글화와 아울러, 각종 데이터 세트를 비롯한 한글 자료를 풍부하게 수록하였습니다. 한국어 성경, 신학 서적, 정간물 등도 추

---

1 Faithlife 사의 공식적인 이름이 "Logos 바이블 소프트웨어"이다. 하지만 본서에서는 편의상 널리 알려진대로 "로고스"라고 부를 것이다.

가되었습니다. 하지만, 로고스가 최근 많이 알려지고 있는 것에 비해서 능숙하게 로고스를 연구에 활용하는 분은 드문 편입니다. 이 책이 길잡이가 되어드리겠습니다. 함께 로고스를 이용한 성경 연구의 세계로 들어가 봅시다.

로고스는 효율적인 자료 시스템, 도서관이다

먼저 로고스의 특징을 알아봅시다. 로고스는 성경만 아니라, 여러 자료를 함께 활용할 수 있습니다. 많은 자료를 추가할 수 있으며, 그것을 체계적으로 관리합니다. 비교할 수 있는 다른 프로그램들도 성경 외 자료를 사용할 수 있지만, 자료 확장성에 있어서 로고스를 따라오기는 어렵습니다. 풍부한 자료를 활용할 수 있기 때문에 성경 구절과 관련된 자료를 찾거나, 주제에 따른 연구가 매우 수월합니다.

다른 프로그램에 비해 로고스가 관련 자료 연결이 더 체계적인 강력한 이유는 xml, Perl 등의 프로그래밍 언어를 통해서 자료 가운데서 성경 구절을 비롯한 여러 종류의 정보를 추출하였기 때문입니다. 또한 전문 학자들로 구성된 연구진이 본문에 매우 다양한 종류의 자체 데이터를 추가하였기 때문에, 단순히 텍스트만 있는 문서와 비교할 수 없이 다양한 연구가 가능합니다.

– 로고스와 일반 텍스트 비교 –

태그를 붙였다는 것은 어떤 의미일까요? 성경 연구 프로그램은 헬라어, 히브리어 성경에서 문법 사항을 자유롭게 검색할 수 있어서, 각광을 받았습니다. 그런데, 헬라어, 히브리어 본문을 원형이나 특정 변화형 등 문법 사항으로 검색할 수 있는 이유도 기본형과 문법 형태론 정보가 태그로 붙어 있기 때문입니다. 게다가 로고스는 조금 더 추가된 정보가 있습니다. "예수"를 검색할 때, 본문 표면상의 "Ἰησοῦς"라는 헬라어 단어의 원형과 변화형에 더하여, 예수님을 지시하는 대명사나 다른 호칭까지도 찾을 수 있습니다. 본문상의 드러난 표현만 아니라 의미를 고려해서 찾아 주기 때문에, 더 풍부한 연구가 가능합니다.

로고스는 인터넷 기반의 프로그램이다

로고스의 특징을 말하며 '인터넷 기반'의 프로그램이라는 사실을 놓치지 말아야 합니다. 이 말은 인터넷이 있어야만 사용할 수 있다는 뜻은 아닙니다. 오프라인 환경에서도 한 번 설치한 로고스라면 문제없이 사용할 수 있습니다. 그렇다면, 로고스가 인터넷 기반이라는 말은 어떤 뜻일까요?

❶ 로고스를 설치하지 않고도 인터넷으로 사용

Logos 8부터는 프로그램을 설치하지 않고, 인터넷 페이지를 이용해서도 로고스 프로그램 기능 상당 부분을 활용할 수 있게 되었기 때문에 인터넷 기반 프로그램의 특징이 더욱 잘 나타납니다. 인터넷 브라우저를 통하여, 주소창에 app.logos.com을 입력하여, 자신의 계정으로 로그인해 봅시다. 프로그램이 설치되지 않은 컴퓨터, 스마트폰에서도 자신이 보유한 자료를 사용할 수 있습니다. 인터넷 브라우저를 사용하므로 비교적 저사양 컴퓨터나 아이패드 등에서도 사용할 수 있어서, 프로그램이 설치된 컴퓨터가 없는 급한(?) 상황에서도 로고스를 구동할 수 있습니다. 모두 인터넷 기반 프로그램이기 때문에 가능한 일이죠.

❷ 인터넷 기반의 언어(xml)로 대부분의 자료가 정리

로고스의 자료는 단순한 텍스트가 아니라 많은 부분이 xml이라는 프로그래밍 언어로 작성되어 있어서, 본문을 인터넷 브라우저에서 보듯이 다양하고 화려하게 볼 수 있습니다. 로고스를 열 때 보이는 홈페이지[2]에서도 자신이 가지고 있는 자료나, 블로그의 소식 등이 포털 사이트처럼 표시되는 이유도 여기에 있습니다.

---

2 왼쪽 상단의 🏠 를 클릭해서도 실행할 수 있다.

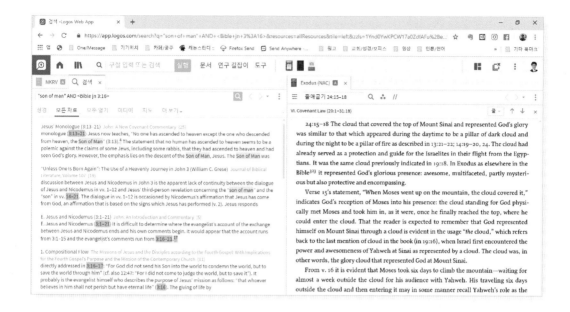

– app.logos.com 화면 –

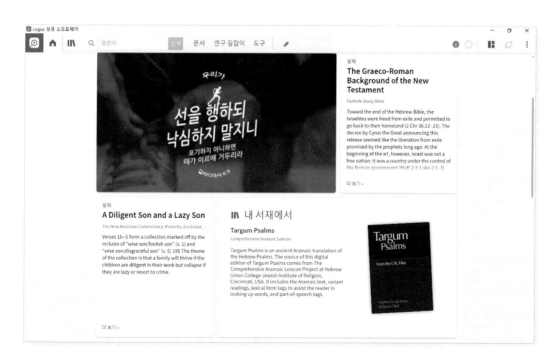

– Logos 성경 소프트웨어의 홈페이지 –

❸ 사용자 환경을 동기화

인터넷 서버에서 가지고 있는 자료와 실행한 작업을 관리함으로 자료를 추가하거나 문서 만들며 설정한 즐겨 찾기, 줄 그은 부분을 동기화 할 수 있습니다. 따라서 다시 프로그램을 실행하거나 다른 컴퓨터, 모바일 기기에서 열었을 때에도 보던 자료와 환경을 그대로 사용할 수 있습니다.

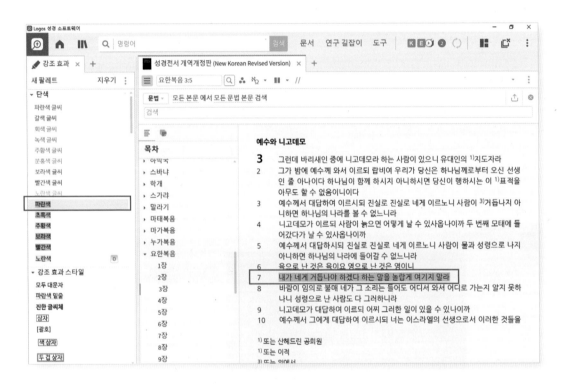

– 강조 효과를 이용한 밑줄 긋기의 예 –

❹ 다양한 링크, 문서를 공유

또한 인터넷 기반의 프로그램이기 때문에 사용자가 작성한 다양한 문서[3]와 사용 위치에 대한

---

3 단순히 워드로 작성한 문서라는 뜻이 아니다. 로고스를 이용하여 만들어낸 연구 결과 문서를 뜻하는데, 자세한 사항은 뒤에서 알아보기로 한다.

링크를 공유합니다. 마치 인터넷 문서가 하이퍼링크를 통해 전세계 사용자의 자료와 복잡하게 이어지는 것과 유사합니다. 완전 공개할 수도 있고, 블로그, 그룹을 만들어 폐쇄적으로 연구 자료를 공유할 수 있습니다.

이와 같이 로고스는 사용자가 프로그램을 사용한 이력을 서버를 통해 저장, 동기화하고 또한 분석하여 사용자에게 맞는 자료를 소개해주기도 합니다. 특별히 프로그램의 홈페이지에서는 사용자가 가지고 있는 자료 중에 유용한 부분들, 그리고 아직 소유하고 있지는 않지만 관심을 가질 만한 자료를 보여주기도 합니다.

로고스는 다양한 환경에서 사용할 수 있다

신학 연구 프로그램을 사용할 때, 많이 가지는 궁금증은 컴퓨터에서만 사용할 수 있는지, 아니면 다른 모바일 도구에서도 사용할 수 있는지 여부입니다. 수 년 전까지 어떤 프로그램은 Windows 환경에서만 사용할 수 있었고, MacOS에서만 사용할 수 있는 프로그램도 있었습니다. 스마트폰이 출시하고 나서도 성경 연구 앱은 일반 컴퓨터와는 별개로 개발된 경우가 대부분이었지요. 다행히도 로고스는 전문 신학 프로그램 중 가장 많은 OS에서 작동됩니다. Windows, MacOS는 물론, Android와 아이

– 안드로이드 모바일 앱에서 로고스 실행 캡쳐 –

폰, 아이패드 등 IOS에서도 사용할 수 있습니다. 심지어 아마존 킨들에서도 사용할 수 있습니다. 그리고 동일한 계정으로 로그인할 경우 서로 연동되고 동기화 되기 때문에 언제 어디에서나 장소에 구애받지 않고 성경 연구를 이어갈 수 있게 되었습니다.

모바일에서는 각 OS별로 고유한 앱이 있으며, 어떤 기기에서나 인터넷 브라우저를 통해 위에서 소개한 app.logos.com을 이용하면 PC의 환경과 큰 차이 없습니다. 이제는 책을 가지고 다닐 때보다 훨씬 가볍게 신학 연구 프로그램으로 다양한 자료를 가지고 연구할 수 있습니다.

로고스는 다양한 패키지가 있다

동일한 이름의 프로그램은 모두 같은 자료를 가지고 있다고 생각하기가 쉽습니다. 하지만 로고스는 사용자마다 환경도 다르고 가지고 있는 자료도 다릅니다. 말하자면, "Logos 성경 소프트웨어"라는 동일한 시스템을 사용하지만 무료 패키지부터, 가격이 수천만 원을 넘는 다양한 패키지가 있습니다. 로고스 8 한글판의 구성은 브론즈, 실버, 골드, 플래티넘으로 되어있고, 최근 영어 자료를 포함한 이중언어 패키지가 출시되었습니다. 하지만 국제적으로 살펴면, 영어, 독일어, 중국어, 포르투갈어 등 언어에 따른 패키지가 있고 영문의 경우에는 Reformed, Presbyterian, Catholic, Methodist 등 교단에 따라서도 구별이 됩니다. 주의할 사항은 이름에 골드가 붙었다고 같은 구성이 아니라는 점입니다. Logos 8 한글판 골드와 Logos 8 영문(주로 Standard) 골드의 자료는 전혀 다르며, 가격도 다릅니다.

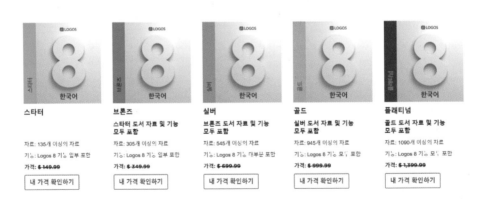

– 로고스 8 한글판 패키지 –

그리고 패키지에 따라, 약간의 기능 차이도 있을 수 있는데, 골드 이상의 경우에는 로고스 8의 모든 기능을 사용할 수 있습니다. 물론 자료를 더 추가하지 않고 기능만 구매하는 것도 가능하니 참고하시기 바랍니다. 자세히 자료를 비교하기 위해서는 한글판의 경우, https://kr.logos.com/compare-packages를 그리고 영문판의 경우는 https://www.logos.com/compare-packages를 방문해봅시다. 나중에 프로그램이 업데이트되거나 상위 패키지로 업그레이드할 경우에도 기존에 보유하고 있던 자료를 고려하여, Dynamic Pricing[4]이 이루어지므로 새로 구매하는 사람에 비해서는 저렴한 가격에 업그레이드할 수 있습니다.

– 한글 Logos 홈페이지의 업그레이드 안내 화면 –

물론 로고스가 어떤 프로그램인지 가장 잘 알 수 있는 방법은 직접 사용해 보는 것입니다. 다양한 환경에서 편리하게 성경(다른 신학까지도)을 연구하는 로고스를 이제 본격적으로 시작해 봅시다.

---

4 가지고 있는 자료를 고려해서 가격을 매기는 것을 의미한다. 예를 들어, Logos 8 한글판 플래티넘을 구매할 때, 처음 구매하는 사람과 Logos 7 한글판 골드를 가지고 있던 사람이 업그레이드 구매하는 것은 가격의 차이가 많다. 후자의 경우 새로 들어간 자료와 새로 개발된 기능만 구매하게 되기 때문이다.

02

로고스를
설치해 봅시다

이제 로고스를 설치해 봅시다. 로고스는 과거 프로그램처럼 CD나 USB를 통해서 설치하지 않습니다. 인터넷 기반의 프로그램이기 때문에 설치도 인터넷 사이트에서 파일을 받아 이루어 집니다. 로고스 한글 홈페이지에서 다운로드 단계는 다음과 같습니다.

❶ kr.logos.com 홈페이지로 이동 후 Logos 다운로드를 클릭합니다.

❷ Logos 시작하기에서 원하는 플랫폼의 Logos 다운로드 합니다.

– 여러 플랫폼의 Logos 다운로드 –

❸ 컴퓨터용 Logos를 기준으로, Windows 환경이면 LogosSetup.exe 파일이 MacOS 환경이면, LogosMac.dmg 파일이 다운로드 됩니다.

❹ 이 파일을 실행시키고 내 계정으로 로그인하면 소유한 자료를 다운로드하고 인덱싱[5]하는 과정을 거칩니다.

설치 파일 다운로드 → 실행 · 로그인 → 자료 다운로드 → 인덱싱

---

5   자료를 신속히 검색하도록 색인 정리하는 과정이다.

먼저 설치 파일을 다운로드 받은 후 자신의 계정으로 로그인 합니다. 설치하는 과정에 따라 표시되는 화면 순서나 모양은 조금 다를 수 있습니다.

– 로그인 화면 –

자신의 계정으로 로그인[6]하면, 사용자의 자료를 아래와 같이 다운로드 합니다. 아래는 이중 언어 패키지가 가지고 있는 자료를 다운로드 설정하는 화면입니다.

---

6   위 계정의 정보는 가상으로 만든 것이고 실제 있는 계정은 아니다.

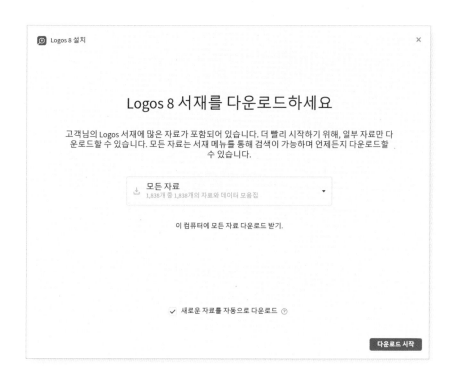

– 다운로드 설정 화면 –

다음으로 1단계에서 로고스에서 주로 사용하게 될 "선호하는 성경"을 설정합니다. 특별한 작업을 하지 않으면 한글판 구매자는 한글 개역 개정으로 설정되는데, 후에 자신이 원하는 성경으로 바꿀 수도 있고, 아래 단계에서 다른 성경으로 설정할 수도 있습니다.

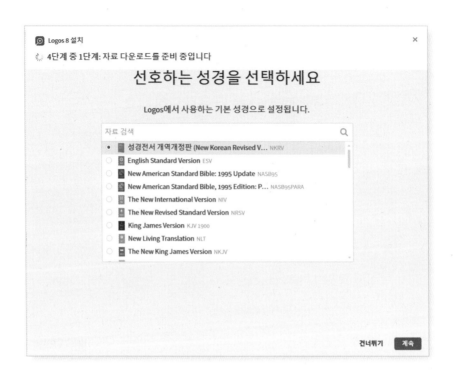

– 선호하는 성경 설정 –

다운로드를 준비할 때는 아래 같은 화면으로 바뀝니다. 설치 진행 안내 화면에서는 웹 앱 살펴보기, 트레이닝 비디오, 커뮤니티 생성의 세 아이콘을 볼 수 있습니다. 설치되기 전에 내가 어떤 자료를 가지고 있는지 살펴보고 싶은 마음이 급하다면 로고스 웹 앱을 살펴보시면 됩니다. 웹 앱이란, 쉽게 말하여 프로그램을 설치하지 않고도, 인터넷 브라우저 상에서 로고스를 사용할 수 있는 웹 페이지입니다.[7] 다운로드 화면에서 맨 왼쪽 아이콘을 클릭하거나, 인터넷 주소창에 app.logos.com을 입력하여 들어갈 수 있습니다.[8]

---

7 로고스는 수시로 업데이트 되는 프로그램이다. 본서의 설명은 2019년 8월을 기준으로 한다. 혹시 진행 화면 구성이 업데이트 되었을 수도 있음에 유의하라.
8 로고스는 인터넷 기반의 프로그램이므로, 웹 상에서도 프로그램을 실행하는 경우와 유사하게 로고스를 활용할 수 있다. 다운로드가 늦어지는 경우나, 설치가 어려운 다른 컴퓨터에서 app.logos.com을 이용하면 매우 편리하다.

– 다운로드 화면 –

진행될 때는 좌측 상단에 자료의 총 용량과 진행 비율이 표시됩니다. 본인이 소유한 패키지의 종류에 따라 다운로드 되는 자료의 용량은 달라집니다. 자료가 꽤 많기 때문에, 설치 파일을 실행시키고 인터넷이 연결된 상태에서 컴퓨터가 꺼지지 않고 빠르면 수십 분에서 수 시간이 걸려야 설치, 인덱싱 과정이 완성됩니다. 물론 인터넷 속도와 컴퓨터 속도가 빠를수록 진행이 빠르게 이루어 집니다.

간혹 프로그램을 처음, 구매 설치하고 강의를 들으려는 분들처럼 급하게 사용해야 하는 분들 중에 설치가 금방 이루어지리라 예상했다가 낭패를 보는 경우가 있습니다. 강의를 시작할 때쯤 설치를 시작해서, 잘 사용해보지도 못하고 강의 시간이 지나가 버리는 것이죠. 가장 좋은 방법은 주무시기 전에, 다운로드를 걸어 놓고 아침에 확인하시는 것입니다. 컴퓨터는 하룻밤쯤 지새워도 많이 피곤하지 않으니 걱정하지 마시고요.

물론 로고스는 인터넷이 연결되지 않아도 사용할 수 있습니다만, 처음 프로그램을 다운로드 할 때에는 인터넷이 연결되어야 한다는 점 꼭 잊지 맙시다.

> Logos 8 설치
> **4단계 중 2단계: 자료 다운로드 중** 12.7 GB 중 5%

– 다운로드 진행 화면 –

> Logos 8 설치
> **4단계 중 4단계: 색인 중** 0%

– 색인 진행 화면 –

다운로드가 모두 완료되면 색인이 진행됩니다. 색인은 로고스가 자료에 있는 풍부한 태그를 인식하고 검색이 빨리 이루어 질 수 있도록 꼭 필요한 과정입니다. 색인이 이루어지기 전에도 자료를 열어보거나 확인할 수 있지만, 검색 결과가 정확하지 않을 수 있습니다.

아래 캡쳐 화면의 Logos 열기를 클릭하면 바로 프로그램을 실행할 수 있습니다.

색인 작업이 진행되는 동안 일부 Logos 기능이 제대로 작동하지 않을 수 있습니다.   **Logos 열기**

– 색인 과정 안내 화면 –

03

화면 구성과
설정

화면 살펴보기: 구성과 아이콘

설치가 되었으면, 화면의 전체 구성을 살펴봅시다. 앞에서 설명한 것처럼 자료가 모두 다운로드 되지 않아도 화면은 확인할 수 있습니다. 구성을 정확히 알아야 프로그램을 필요에 따라 능숙하게 다룰 수 있습니다. 필요에 따른 기능 위주로만 프로그램을 익히면, 프로그램의 극히 일부분만 사용하게 됩니다. 로고스가 가지고 있는 풍부한 기능을 전부 활용하지 못하게 되는 것이죠. 오른쪽에 있는 '화면'은 가장 기본이 되는 프로그램의 홈페이지입니다.

❶ 프로그램 표시, 홈페이지, 서재

Logos 프로그램을 나타내는 아이콘과 홈페이지, 서재 아이콘입니다. 로고스 아이콘은 별 다른 기능은 없고, 홈페이지 아이콘은 사용자에게 맞게 정리된 정보를 보여주는 첫 화면(바로 아래 캡처)이고, 책이 꽂혀 있는 모양 아이콘은 '서재'입니다. 여기에서 사용자가 가지고 있는 자료를 검색하고 찾아볼 수 있습니다.

❶ ❷ 홈 ❸ ❹ ❺ ❻ ❼ ❽ ❾ ❿
❷ 대시보드 ⑪

⑫ 대시보드

연구 과정 길잡이: 강해 설교 준비 | 마태복음 7:1-12
마태복음 7:1-12

다음
자신을 준비하고 미리 계획하기

0%

독서 계획표
겸손에 대한 14일 묵상

다음 일정
신명기 8:1-16

7% 밀린 일정 따라잡기

연구 과정 길잡이: 귀납적 성경 연구 | 마태복음 13:1-9
마태복음 13:1-9

다음
성경 본문 여러 번 읽기

4%

새 기도 제목
오늘
• 기말고사
• 아픈 권사님을 위해서
• 웨비나

독서 계획표
NKRV 7월 8일 읽기

다음 일정
마태복음 1-8

0% 밀린 일정 따라잡기

새 기도 제목 (2)
오늘
• 기말고사 잘 보도록
• 아픈 집사님을 위해서
• 웨비나

⑬ 살펴보기

내가 네 갈 길을 가르쳐 보이고 너를 주목하여 훈계하리로다
시편 32:8

Pre-Pub

박대영 목사의 요한복음 강해 시리즈

복음서 중에서도 유독 요한복음은, 예수님을 알아가는 것을 목표로 하고 있다고 저자는 소개한다. 하나님이 떠난 영혼, 하나님을 떠나 보낸 영혼은 폐가와 같다. 내주하셔야 할 하나님은 떠나시고, 신의 자리에 인간이 앉은 공간이 얘말로 폐가라는 것이다. 하나님이 보내신...

– 로고스의 프로그램 홈페이지[9] –

❷ 검색과 명령

– 검색과 명령 –

🔍 아이콘을 누르면, 성경, 기본, 미디어, 조건, 문법, 구문의 6가지 검색이 가능합니다. 전체 자료와 성경을 검색하는 다양한 방법인데, 보다 자세한 사항은 다음에 살펴보겠습니다.

---

9 Faithlife 사의 Logos 성경 소프트웨어 홈페이지가 아니라, 프로그램을 실행할 때 처음 나오는 홈페이지이다.

❸ 명령어

흐릿하게 "명령어"라고 쓰인 부분에는 성경 구절, 기타 명령어를 입력하여 원하는 기능을 실행합니다. 사람과 마찬가지로 프로그램을 잘 사용하기 위해서는 그저 일방적인 명령을 내릴 뿐 아니라, 프로그램이 어떻게 반응을 하는지를 살펴야 합니다. 예를 들어 "명령어" 부분에 "요 3:16"이라고 입력하면 다음과 같이 화면에 표시됩니다.

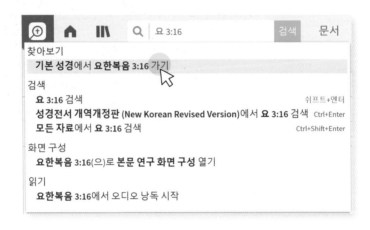

– 명령어 입력 후 표시 –

표시된 바를 살펴보면, 동일한 내용을 입력해도 수행 가능한 기능이 여섯 가지 입니다. 여기에서 자기가 원하는 기능을 택하고, 검색 단추를 누르면 해당 기능을 수행합니다. 사람이나 컴퓨터나 일방적으로 윽박지르지(?) 말고 반응을 살피는 것은 매우 중요합니다.

❹ 검색: 검색과 명령어로 다양한 기능을 수행

❺ 로고스의 주요 기능

문서   연구 길잡이   도구

이 메뉴에서 로고스 프로그램의 중요한 기능이 이루어집니다. 본서의 많은 내용이 이 부분에 대한 설명입니다. 지금은 화면 구성을 살펴보고 있으므로 그 내용을 전부 살펴볼 수는 없고, 간략히 확인하겠습니다.

문서 – 무엇인가 사용자가 로고스를 사용하여 만들어낸 문서를 의미합니다. 사용자의 작업을 생성, 저장, 관리합니다.

연구 길잡이 – 사정을 잘 모르는 외국에 여행을 간다면 친절히 안내해주는 길잡이(Guide)가 필요하겠죠? 로고스에서도 마찬가지입니다. 검색이나 여러 기능에 익숙하지 않아도, 바로 말씀 연구에 로고스를 사용할 수 있도록 연구에 도움을 주는 기능입니다. 또한 8에 추가된 새로운 기능으로 연구 과정에 도움을 주는 "연구 과정 길잡이"도 이곳에 포함됩니다. 빨리 프로그램을 효과적으로 사용하고 싶은 분은 이곳을 먼저 찾아주세요.

도구 – 성경 연구에 도움이 되는 다양한 도구가 있으며, "문서"에 있는 내용과 일부 중복되기도 합니다.

❻ 북마크를 위한 공간
지금 이곳에 3개의 아이콘이 있지만, 이것은 사용자가 올려 놓아야 아이콘이 표시됩니다. 즐겨 쓰는 자료나 화면 구성, 기타 도구를 이곳에 올려 놓고 보다 편리하게 사용할 수 있습니다.

❼ 업데이트 된 자료, 데이터 모음집 등의 수를 표시

❽ 동기화 진행을 표시

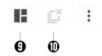

❾ 화면 구성

사용자가 살펴본 자료와 그 관계가 이어진 화면 구성을 볼 수 있는 곳입니다. 과거 자신이 어떤 작업을 했는지 확인할 수 있으며, 이름을 붙여서 자주 사용하는 화면 구성을 저장할 수도 있습니다. 또한 연구 작업을 신속하게 진행하기 위한 화면 구성의 모음도 제공합니다. 보다 자세한 기능은 추후 살펴봅니다.

❿ 사용 중 열린 자료를 모두 닫고 홈페이지로 돌아가는 기능

🏠 과의 차이는 단순히 홈페이지로 이동하는 것과 자료를 닫고 이동하는 차이가 있습니다. 설정을 위한 세점: 자세한 내용을 이어서 살펴봅니다.

– 설정 아이콘 실행 화면 –

기본 설정

프로그램 설정은 여러 환경을 자신이 원하는 대로 조정하는 것입니다. 가장 많이 사용하고 또 초보자로서 필요한 기능을 우선 알아보겠습니다. 프로그램 설정 기능을 열어봅시다.

❶ 프로그램 홈페이지 우측 상단의 세로점 3개 모양의 아이콘을 클릭

⋮ 세로 점 3개는 앞으로도 다양한 기능의 설정 아이콘으로 만납니다. 사실 로고스만이 아니라 최신 프로그램에서 공통적으로 여러 설정을 위해 사용하는 아이콘입니다. 인터넷 브라우저에서도 볼 수 있습니다.[10]

❷ 두 번째 줄에 나오는 프로그램 설정을 클릭

프로그램 설정을 여는 또 다른 방법을 알아볼까요?

– 도구 항목 –

도구 〉 도구에서도 프로그램 설정을 찾을 수 있습니다. 클릭만 해서 찾아가자면, 흔히 말하는 스크롤의 압박이 있지만, 흐릿하게 보이는 [검색] 이 입력란에 찾고자 하는 도구 이름의 일부만 입력해도 메뉴가 간단하게 바뀌므로 걱정할 필요가 없습니다.

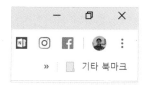

---

10 아래는 필자가 사용하는 구글 크롬 브라우저의 우측 상단을 캡처한 것이다.

언어 설정

먼저 언어 설정 방법을 알아봅시다. 한글판
일 경우 기본 메뉴가 처음에는 한글로 설정
되어 있습니다. 그러나 기능에 따라 영문
으로 설정하고 사용해야 편한 경우도 있습
니다. 단지 메뉴가 한글과 영어라는 차이
가 아니라, 데이터의 자료와 활용이 영어로
사용할 때 더 정확하고 풍부한 경우가 있기
때문입니다. 처음 제작한 곳이 우리 나라
가 아니기 때문에 당연한 일인지도 모르겠
습니다. 로고스의 자체 자료는 대부분 영문
으로 제작된 후 번역 과정을 거쳐 한글판에
수록됩니다.

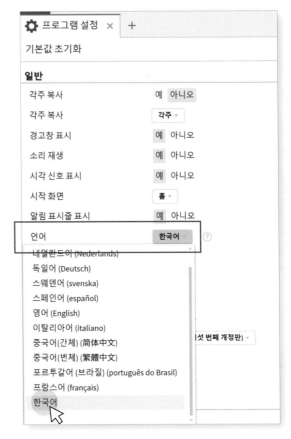

– 프로그램 설정의 언어 설정 –

한글과 영어 외에도 여러 언어 설정이 있고, 말씀드린 대로 단지 메뉴 구현을 넘어서 여러 데이
터와 구성이 언어에 맞게 제공되므로 경우에 따라 편리하게 사용할 수 있습니다.

오른쪽에 보이는 캡쳐는 동일한 계정의 로고스 홈 화면을 중문 간체와 프랑스어로 각각 설정한
것입니다. 기본으로 제공하는 성경 프리젠테이션도 그 언어권의 분위기에 맞게 바뀌었습니다.
아래 제시된 언어 만이 아니라, 언어 항목에서 나열되는 모든 언어로 홈페이지를 볼 수 있으며,
단지 표현이 번역되는 것에 그치지 않고, 구성 자료가 변동됨을 확인할 수 있습니다. 혹시 실수

로 갑자기 **로고스 홈페이지가 낯선 언어로 표시될 때에도 이 부분을 수정하면 됩니다.**

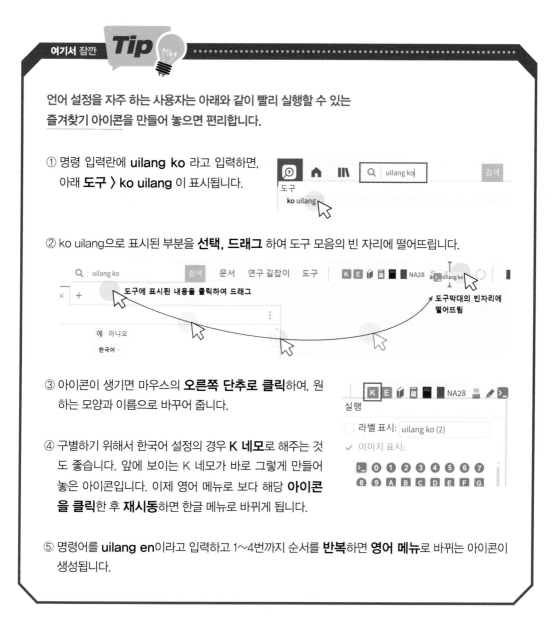

여기서 잠깐 Tip

언어 설정을 자주 하는 사용자는 아래와 같이 빠르게 실행할 수 있는
즐겨찾기 아이콘을 만들어 놓으면 편리합니다.

① 명령 입력란에 **uilang ko** 라고 입력하면,
아래 **도구 〉ko uilang** 이 표시됩니다.

② ko uilang으로 표시된 부분을 **선택, 드래그** 하여 도구 모음의 빈 자리에 떨어뜨립니다.

도구에 표시된 내용을 클릭하여 드래그

도구막대의 빈자리에
떨어뜨림

③ 아이콘이 생기면 마우스의 **오른쪽 단추로 클릭**하여, 원
하는 모양과 이름으로 바꾸어 줍니다.

④ 구별하기 위해서 한국어 설정의 경우 **K 네모**로 해주는 것
도 좋습니다. 앞에 보이는 K 네모가 바로 그렇게 만들어
놓은 아이콘입니다. 이제 영어 메뉴로 보다 해당 **아이콘
을 클릭**한 후 **재시동**하면 한글 메뉴로 바뀌게 됩니다.

⑤ 명령어를 **uilang en**이라고 입력하고 1~4번까지 순서를 **반복**하면 **영어 메뉴**로 바뀌는 아이콘이
생성됩니다.

– 중문 간체 홈페이지 화면 –

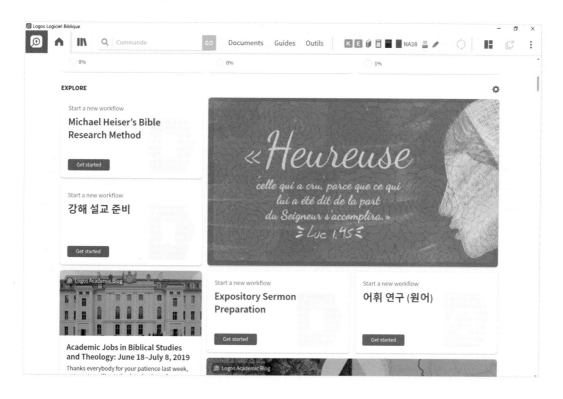

– 프랑스어 홈페이지 화면 –

화면과 내용의 축소 확대

디지털 자료는 내용을 자신이 원하는 대로 확대하거나 축소할 수 있어서 좋습니다. 시력이나 또 다른 필요 때문에 글자를 키우거나 줄여야 할 때가 있는데, 고정된 인쇄물에서는 축소 · 확대 복사를 다시 하지 않는 한 어려운 일이죠. 이와 같이 축소, 확대 기능도 프로그램 설정에서 실행합니다.

언어 설정에서 조금 밑으로 내려오면, **접근성**이라고 기록된 곳이 있습니다. 여기에서 본문이나 프로그램 자체의 표시를 확대하거나 축소합니다.

❶ 자료 본문의 크기를 조정합니다. 숫자가 작을수록 본문 크기가 작아지고 클수록 커집니다.
❷ 자료 배경색 취향과 필요에 따라 배경 색상을 조정할 수 있습니다.
❸ 전체 프로그램의 크기를 조정합니다.

표시되는 글씨가 커지면, 볼 수 있는 내용은 줄어들고, 작아지면 내용을 많이 볼 수 있지만 보기에 불편할 수 있습니다. 또한 프로그램 설정 도구 중 아래 **본문 표시** 부분에서는 자료가 표시되는 폰트를 설정할 수 있습니다.

본문 표시

자료 글씨체 기본값	NanumBarunGothic ▾
메모 글씨체 기본값	NanumMyeongjo ▾
메모 글씨 크기 기본값	11 ▾
시리아어 글씨체	Serto Jerusalem ▾
중국어 (간체) 글씨체	기본값 ▾ ⓘ
중국어 (번체) 글씨체	기본값 ▾
한국어 글씨체	NanumGothic ▾
헬라어 글씨체	기본값 ▾
히브리어 글씨체	SBL Hebrew ▾
본문 선택	단어 ▾
자료 본문 가지런히 하기	예 아니오
행 간격	보통 ▾
성경에서 붉은 글자 표시	예 아니오

– 프로그램 설정의 본문 표시 –

프로그램 설정은 전체 기능을 표시하거나 제어하는 곳이므로 특별한 이유 없이 조작하지 말아야 합니다. 그리고 부득이하게 문제가 생겼을 때에는 이곳에서 바로잡을 수 있으므로 당황할 필요 없습니다. 자 이제 화면 조정(?) 시간이 끝났으니, 본격적으로 로고스 활용의 세계로 들어가 봅시다.

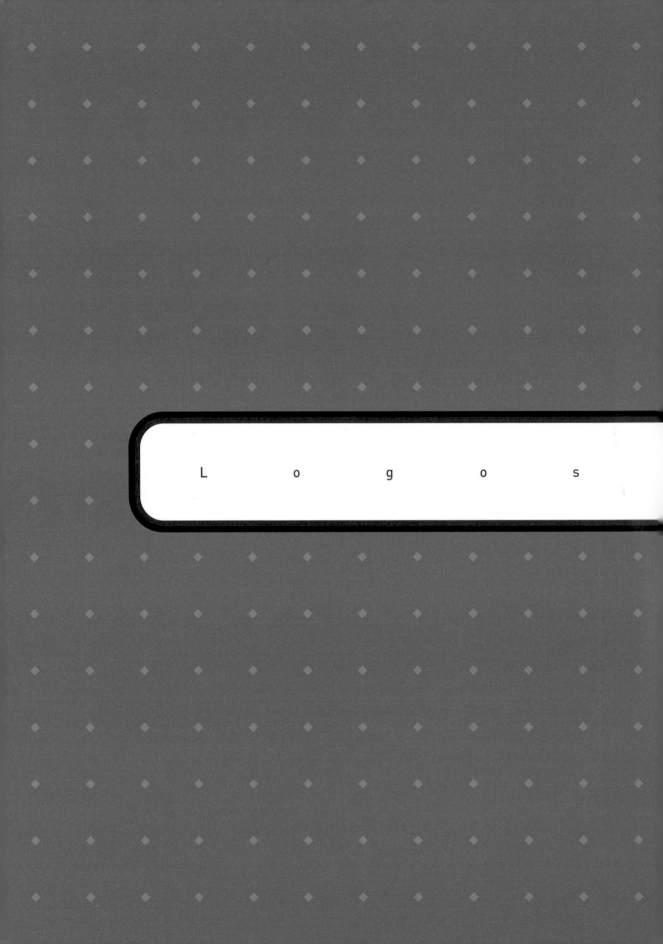

Logos

PART 02
성경

04

성경을 읽어 봅시다

로고스는 성경과 여러 신학 자료를 연구할 수 있는 프로그램입니다. 일부는 고전 등 인문학 자료도 포함하고 있습니다. 하지만 공식 이름이 **Logos 성경 소프트웨어**이듯이, 프로그램의 기본은 성경을 읽고 연구하는 것입니다. 그러므로 먼저 다른 기능보다 성경을 어떻게 읽고 연구할 수 있는지 알아봅시다.

명령 입력란을 활용하라

명령을 입력란에 성경 구절을 적으면 아래 캡처 화면과 같이 수행할 수 있는 기능이 나열됩니다. 성경 구절은 약어로 써도 되고, 영어나 한국어 무엇으로 입력해도 괜찮습니다. 하지만 자신이 의도한 기능을 확인하고 실행시키는 것이 중요합니다. 성경 구절을 명령 입력란에 입력하고 찾아보기에서 "기본성경에서 요한복음 3:16 가기"를 선택해야 합니다. 밑에 있는 다른 내용을 선택하면 그에 해당하는 기능이 실행됩니다.

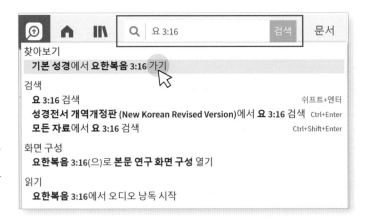

– 성경 찾아 보기 –

기억하세요! 꼭 어떤 명령을 입력하면 로고스 프로그램이 어떤 반응을 보이는지 놓치지 않는 것이 로고스를 잘 활용할 수 있는 지름길입니다. 프로그램도 인간관계와 비슷합니다. 일방적으로 명령하지 말고 어떤 정보가 표시되는지 살펴보아야 합니다.

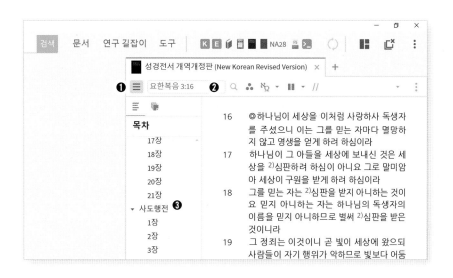

– 기본 성경 실행 화면 –

한글판을 구매하고 다른 조작을 하지 않았다면, 기본 성경이 한글 개역 개정입니다. 기본 성경은 성경 구절을 입력할 때 기본으로 표시하는 성경일 뿐 아니라, 어떤 자료이든 파란 글자로 되어 있는 링크[11]를 보여주는 "기본 성경"이기도 합니다.

기본 성경이 실행되면 원하는 성경으로 찾아가는 방법은 ❶을 눌러 목차를 실행한 다음 ❸ 목차에서 찾아 가거나, ❷ 입력란에 성경 구절을 입력하여 이동할 수 있습니다.

---

11 로고스에 있는 자료에는 어떤 자료에서나 성경 구절이 링크로 표시된다. 그 링크에 마우스를 가져가 보이는 성경이 기본 성경이다. 영어 자료에서도 성경 구절 링크에 사용자의 기본 성경이 개역 개정이라면 개역 개정 본문을 확인할 수 있는 것이다.

기본 성경을 자신이 <u>원하는 번역으로</u> 바꿀 수 있습니다.
설치 과정에서 기본 성경을 설정할 수 있지만,
기본 성경을 바꿀 때마다 재설치하는 것은 번거롭습니다.

① ❶ 서재 아이콘을 누르고 ❷ 설정 아이콘을 누른 후 ❸ 우선순위 자료를 선택합니다.

② 원하는 성경 역본을 검색하여(가장 간단한 방법은 약어를 입력) 원하는 자료가 나열되면 그것을 선택하여 **"다음 자료 먼저 표시:"**에 위치시킵니다. 로고스의 여러 기능에서 이곳에 나열된 순서대로 자료를 보여주는데, 가장 위에 있는 성경이 기본 성경이 됩니다.

③ 우선 순위 자료의 기능을 이용하여 자료를 잘 관리하면, 로고스를 이용한 신학 연구가 훨씬 쉬워지고 체계화되므로 잘 익혀 봅시다.

경우에 따라 기본 성경을 바꾸지 않고,
링크를 보는 성경만 일시적으로 바꾸고 싶을 때가 있습니다.

예를 들어 어느 학자의 글을 읽는데, 계속 특정 영어 성경 번역본으로 설명하고 있다면 그 성경을 함께
보아야 할 것입니다. 그럴 때는 해당 성경을 연 후, 아래와 같이 설정 메뉴에서 "**하이퍼 링크 여기로
보내기**"를 선택합니다.

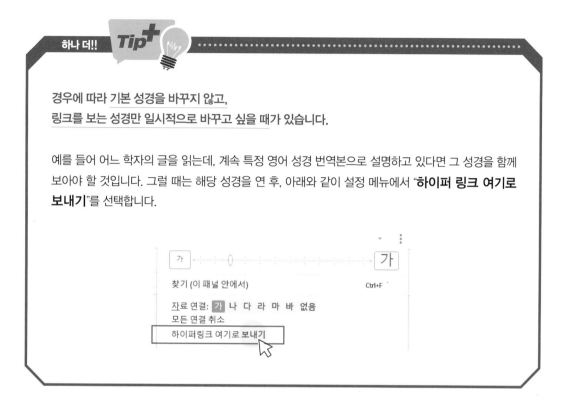

아이콘 알아보기

홈페이지에서도 다양한 기능을 활용하기 위해 아이콘을 사용했던 것처럼, 로고스 성경이나 자
료를 활용할 때에도 아이콘이 표시하는 기능을 잘 알아야 합니다.

– 성경 패널 아이콘 –

❶ 목차를 열고 닫습니다.

❷ 성경 구절을 입력하여 원하는 곳으로 이동합니다.

❸ 자료내 검색으로 원하는 단어, 표현을 지금 보고 있는 성경 내부에서 찾아 줍니다.

❹ 줄긋기나 여러 표시를 제어하는 곳입니다. 왜 표시되었는지 잘 모르는 글자(?)와 색상이 보인다면 이곳을 눌러 제어하세요.

❺ 원어 관련, 행간 성경 정보를 표시하고 설정하는 곳입니다.

❻ 여러 성경을 대조하여 볼 수 있습니다. 한영 병행 성경(parallel bible), 한중병행 성경 등을 만드는 곳이라고 볼 수 있습니다.

❼ 이곳은 ❻처럼 병행 자료를 함께 보지 않고, 이동하는 곳입니다. 클릭하고 키보드의 화살표를 좌우로 이동해 보세요.

각각의 기능에서 설명할 부분이 더 있지만, 단원의 흐름에 따라 알려드리겠습니다. 로고스의 특징은 어느 부분에서나 다양한 기능을 실행할 수 있어서, 꼬리에 꼬리를 물고 실행하다 보면 끝없이(?) 기능이 이어집니다. 그러므로 설명 과정에서는 모든 아이콘과 기능에 대해서 모두 소개하지 않고, '주제'에 따라 진행하겠습니다.

성경을 여는 다른 방법

위에서는 기본 성경에서 구절을 입력해서 간단히 성경을 보는 방법을 살펴보았습니다. 이제 자료(성경)를 먼저 선택하고 이동하는 방법을 알아봅시다.

– 자료 검색 –

자료를 검색하려면 책이 여러 권 있는 모양의 아이콘을 클릭합니다. 성경을 검색할 때에는 기본적으로 여기에 찾고자 하는 성경 약어를 입력합니다.

– ESV 성경 자료 검색 화면[12] –

표시되는 성경 역본을 클릭하면 해당 자료가 열립니다. 이렇게 성경이 열리면 앞에서 설명한대로 원하는 구절로 이동하면 됩니다. 즉 명령 입력란에 구절을 입력하거나(한영 모두 가능), 목차를 이용합니다.

– ESV 성경 실행 화면 –

---

12 ESV 성경 안에서 단어나 표현을 검색하는 게 아니다. 검색된 자료가 보이는 방식은 조금 다를 수 있다. 이를 설정하는 방법은 다음 단락에서 살펴보기로 한다.

필터링하여 성경 열기

성경을 여는 보다 편리한 방법을 알아봅시다. 자료를 걸러 내어 원하는 자료, 성경으로 좁혀 가는 방법입니다. 성경만 아니라 다른 자료를 찾을 때도 유용하므로 방법을 잘 익혀 봅시다. 아래 그림에서 **❶ 메뉴**를 클릭하여 필터를 엽니다. 차례로 **❷ 종류: 성경**, **❸ 언어: 영어**를 누릅니다. 해당 자료로 점점 범위가 좁혀집니다.

– 필터 적용시키기 전 자료 화면 –

– 영어 성경으로 자료 필터링–

마찬가지 방법으로 **성경 〉 한국어**로 필터링하여 한글 성경만 볼 수도 있습니다.

– 한글 성경으로 필터링 –

성경 소리 내어 읽기

성경 오디오 자료가 있을 경우, **Cmd + R** (Mac) / **Ctrl + R** (Windows) 단축키를 눌러 오디오 성경을 들을 수 있습니다. ESV, LEB, 그리고 헬라어 성경 등에서 오디오 성경을 사용할 수 있는데, 해당 역본을 가지고 있다고 오디오 자료도 소유하게 되는 것이 아니라, 성경 본문과 오디오 자료는 별도입니다. 오디오 자료가 없을 경우 OS 자체의 읽기 기능으로 읽어주는데, 합성한 음성이므로 듣기에 어색합니다. 오디오 성경은 원하는 경우 로고스 홈페이지에서 찾아 구매하여 추가할 수 있지만, 모든 성경 역본이 음성 파일이 있지는 않습니다.[13] 로고스 오디오 성경은 **속도 조절이 가능**하고, 편리하게 사용할 수 있으므로 관심있는 분들은 살펴보시기 바랍니다.

– ESV 오디오 성경 실행–

---

13 앞으로 로고스를 설명하며, "있을 경우~"라는 말을 많이 하게 될 것이다. 로고스는 프로그램을 소유했다고 모두 동일한 자료를 가지고 있는게 아니다. 패키지에 따라, 그리고 개별 자료를 구매하는 것에 따라 보유 자료가 모두 달라진다.

05

번역을 비교해 봅시다

프로그램을 이용한 성경 연구의 강점은 번역 비교가 수월하다는 점도 있습니다. 넓은 책상에서도 책으로 비교할 수 있는 성경의 수는 얼마되지 않습니다. 그마저도 여러모로 불편하지만, 프로그램은 다양한 방법으로 번역을 편리하게 비교합니다.

가장 빠른 방법: F7

번역을 비교하는 가장 빠르고 편리한 방법은 성경 본문을 읽다가, F7 키를 누르는 것입니다. 아래 화면에서도 볼 수 있듯이 해당 구절의 여러 개의 번역이 한꺼번에 팝업창으로 표시됩니다. 표시역본을 바꾸고 싶을 경우에는 **서재 아이콘 〉 설정 〉 우선순위자료**에서 표시를 원하는 성경 역본을 우선 표시할 자료로 넣어 주면 됩니다.

– F7을 이용한 번역 비교 –

우선순위자료는 다음 위치에 있다.

병렬 자료 이동

본문을 보고 있는 상태에서 키보드의 왼쪽 오른쪽 화살표를 누르면, 연결된 자료의 위 아래로 보이는 자료가 이동됩니다 즉 아래 병렬 자료 세트에서 사용자가 개역개정판을 보고 있다면, 오른쪽 화살표 키보드를 누를 때 ESV로 이동하고, 한 번 더 누르면 NIV로 이동합니다. 왼쪽 화살표를 누르면 NIV에서 다시 ESV로 이동합니다. 병렬 자료 세트의 순서는 **자료 〉 패널 설정 아이콘 〉 우선 순위**에서 바꿀 수 있는데, 우선 순위의 윗자리에 있을수록 병렬 자료에서도 위에 자리합니다.

– 병렬 자료 세트–

다중 자료(병행 성경) 보기

개역 개정 윈도우를 살펴보면 아래와 같은 아이콘이 있습니다. 이것을 눌러 함께 볼 병행 성경을 설정해 줍니다.

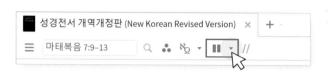

– 다중 자료 디스플레이 –

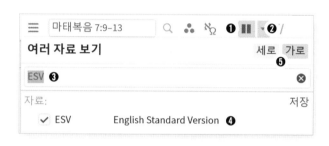

– 다중 자료(병행 성경) 설정 –

설정 방법을 살펴봅시다. ❶은 다중 자료(병행 성경)을 켜고 끕니다. ❷에서는 위 화면처럼 어떤 성경을 함께 볼지 설정합니다. ❸에서 원하는 자료를 검색하고, 아래에 ❹와 같이 나열되는 자료 중에 선택하여 설정합니다. ❺ 다중 보기의 세로와 가로 여부를 설정합니다. 다중 자료는 말하자면 한영 대조 성경 같이, 그 성경 번역을 열 때 함께 볼 대조 성경, 병행 성경을 설정하는 기능입니다.

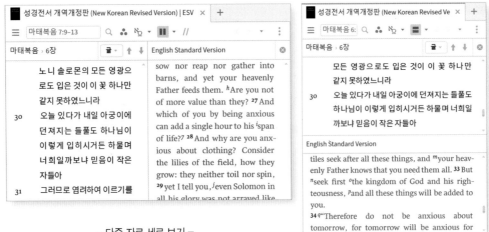

– 다중 자료 세로 보기 –

– 다중 자료 가로 보기 –

도구 〉 역본 비교

다중 자료 보기가 일종의 병행 성경과 같은 기능이라면, 역본 비교는 한 구절씩 번역 비교하는 도구입니다. 도구모음에서 **도구 〉 역본** 비교를 실행합니다.

– 역본 비교 윈도우 –

❶ 번역을 비교할 성경을 설정

로고스에서 **파란 글씨로 점선 밑줄**이 있다면, 클릭하여 무엇인가 설정할 수 있다는 의미입니다. 아래 그림에서 볼 수 있는 흐릿한 글씨로 **"찾기"** 라고 쓰인 명령 입력란에서 성경을 검색하여 선택합니다.[14] 여기에서는 단일 자료 많이 아니라 검색식을 이용하거나 추후 배울 "컬렉션" 기능을 통해 동시에 여러 역본을 불러올 수 있습니다.

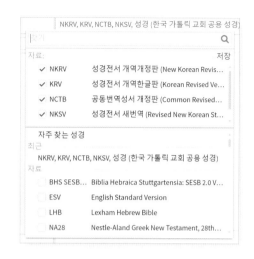

– 비교할 번역 설정 –

❷ 살펴볼 성경 구절을 입력

❸ 차이가 나는 본문을 표시하는 방식을 설정

소문자 a는 차이점 표시 여부를 결정하고, 취소선이 그어진 a는 함께 기본 본문을 표시할 지정합니다.

❹ 구절을 보는 방식과 행간 비교 방식 중 선택하여 각 역본을 표시

지금 앞에 나온 **역본 비교 윈도우**는 구절 방식입니다. 한글 성경 중에 행간 정보[15]를 가진 성경은 이 책을 쓰고 있는 현재 개역개정 성경 밖에 없기 때문입니다. 만약에 행간 정보를 가진 성경끼리 비교하면 다음 화면과 같이 표시 됩니다.

---

14 이미 자료를 검색하는 경우가 여러 번 반복되어 나왔다. 로고스에서 다양한 이유로 자료를 검색할 때는 몇 가지 검색식을 사용하여 정밀한 찾기를 할 수 있는데, 이에 대해서는 자료 찾기에 대한 단원에서 보다 자세히 알아본다.

15 행간 정보란 행간(Interlinear) 방식으로 표시할 수 있는 헬라어, 히브리어 등의 원어 정보, 스트롱 코드 등의 정보를 뜻한다. 기본 성경 본문 위에 태그가 추가된 자료이기 때문에 모든 성경이 행간 정보를 가지고 있지는 않다.

– 행간 정보 방식 역본 비교 –

행간 정보 방식으로 차이점을 표시하도록 설정하였습니다.

자료 연결 번역 비교

이미 앞에서 다중 디스플레이를 이용해 번역을 비교하는 방법을 살펴보았습니다. 그런데 자료 연결 번역 비교는 자료 윈도우 안의 비교가 아니라, 한 자료와 다른 자료를 연결하여 한쪽 자료를 이동하면 다른 쪽 자료도 동일하게 이동하도록 하는 기능입니다.

자료를 열기 위해서는 명령 입력란에서 자료명을 입력한 후 자료 열기를 실행하거나, 서재 아이콘을 눌러 자료를 찾아 열면 됩니다. 한 번 개역개정성경과 ESV 성경을 별도로 열어 봅시다.

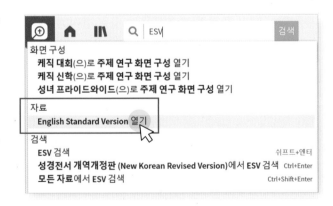

– 명령 입력란에서 ESV 열기 –

로고스에는 여러 기능과 자료로 통하는 방법이 많으므로 늘 내가 어떤 명령을 내렸을 때, 프로그램에 표시되는 정보를 잘 확인해야 합니다. 위 그림에서도 ESV를 입력했을 때 실행할 수 있는 여러 기능이 표시되었습니다.

– 서재에서 자료 검색 –

서재 기능에서도 손쉽게 ESV 성경을 찾고 열 수 있습니다. 우리에게 익숙한 성경은 대부분 약어로 쉽게 찾을 수 있습니다. 서재에서 검색하고 해당하는 자료를 나열하는 방식은 ❶ 위치에 있는 아이콘을 이용해서 실행합니다.

– 자료 표시 방식 –

각각 개역개정판(NKRV)와 ESV를 열고 ❶ 패널 설정 아이콘에서 ❷ 동일한 글자로 연결해 주면 두 자료는 연동됩니다. 두 개 이상, 여러 개의 자료가 열려 있어도 글자가 같은 자료만 연동됩니다. 한국어 설정에서는 가, 나, 다로 나가고 영어 설정에서는 A, B, C로 글자가 표시됩니다.

– 개역개정과 ESV의 연결 –

같은 방식으로 두 개 이상의 더 많은 번역을 연결할 수도 있습니다.

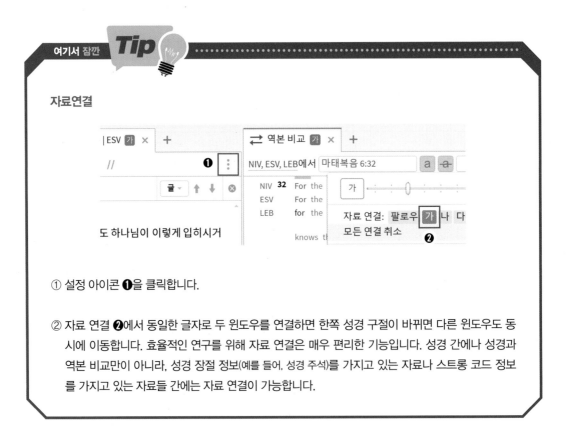

① 설정 아이콘 ❶을 클릭합니다.

② 자료 연결 ❷에서 동일한 글자로 두 윈도우를 연결하면 한쪽 성경 구절이 바뀌면 다른 윈도우도 동시에 이동합니다. 효율적인 연구를 위해 자료 연결은 매우 편리한 기능입니다. 성경 간에나 성경과 역본 비교만이 아니라, 성경 장절 정보(예를 들어, 성경 주석)를 가지고 있는 자료나 스트롱 코드 정보를 가지고 있는 자료들 간에는 자료 연결이 가능합니다.

06

성경 구절
복사하기

성경 프로그램을 사용하는 사용자들이 가장 많이 사용하는 기능은 무엇일까요? 검색 기능 보다도 성경 본문 복사를 더 많이 사용하지는 않을까요? 특히 헬라어나 히브리어를 타이핑하는 수고를 덜기 위해 얼마나 많은 Ctrl + C, Ctrl + V를 반복하는지 모릅니다. Ctrl + C, Ctrl + V 를 이기기(?)가 쉽지 않은데, 로고스에는 성경 본문 복사를 쉽게 도와주는 도구가 있습니다.

성경 구절 복사

도구 〉 구절 〉 성경 구절 복사

이 기능은 로고스와 워드 프로세서를 함께 사용할 때 더 편리하고 강력합니다.[16] Windows의 경우 **Ctrl + Alt + B**를, MacOS는 **Shift + Cmd + J**를 단축키를 사용하여 이 도구를 바로 실행합니다.

---

16 우리나라에서는 워드 프로그램을 아래한글을 많이 사용하지만, 다른 프로그램과 연동할 때 아래한글은 문제가 많이 발생합니다. 이것은 로고스의 문제가 아니라 아래한글 때문인데, 일반적인 표준을 따르지 않고 자체 입력 방식을 사용하기 때문입니다. 특히 히브리어의 경우 최근 프로그램에서는 유니코드를 지원하고 오른쪽에서 왼쪽으로 진행하며 쓰는 방식을 모두 지원하는데 아래한글의 경우 처리가 어렵습니다. 히브리어를 사용하시는 분들은 가급적 아래한글을 사용하지 마시기를 권합니다. 가장 문제가 없는 프로그램은 MSWord 입니다.

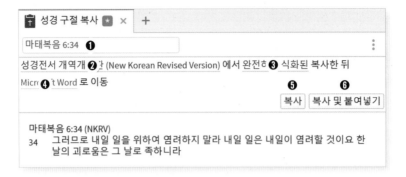

– 성경 구절 복사 –

❶ 성경 본문을 입력합니다.

❷ 복사할 성경 역본을 선택합니다.

❸ 어떤 서식으로 성경을 복사할지 선택합니다. 아래와 같이 다양한 형식으로 복사할 수 있습니다. 또한 **새형식 만들기**에서는 복사할 형식을 사용자가 제작할 수 있습니다.

마태복음 6:34 (NKRV) 34 그러므로 내일 일을 위하여 염려하지 말라 내일 일은 내일이 염려할 것이요 한 날의 괴로움은 그 날로 족하니라	마태복음 6:34 (NKRV) 34그러므로 내일 일을 위하여 염려하지 말라 내일 일은 내일이 염려할 것이요 한 날의 괴로움은 그 날로 족하니라	마태복음 6:34 그러므로 내일 일을 위하여 염려하지 말라 내일 일은 내일이 염려할 것이요 한 날의 괴로움은 그 날로 족하니라	"그러므로 내일 일을 위하여 염려하지 말라 내일 일은 내일이 염려할 것이요 한 날의 괴로움은 그 날로 족하니라" (마태복음 6:34, NKRV)
완전히 서식화된	한 줄에 한 구절	한 줄에 한 절 (전체 참고 문헌)	인용구
마태복음 6:34 (NKRV) 34그러므로 내일 일을 위하여 염려하지 말라 내일 일은 내일이 염려할 것이요 한 날의 괴로움은 그 날로 족하니라	그러므로 내일 일을 위하여 염려하지 말라 내일 일은 내일이 염려할 것이요 한 날의 괴로움은 그 날로 족하니라	마태복음 6:34 (NKRV) – 34 그러므로 내일 일을 위하여 염려하지 말라 내일 일은 내일이 염려할 것이요 한 날의 괴로움은 그 날로 족하니라	마태복음 6:34 (NKRV) 34그러므로 내일 일을 위하여 염려하지 말라 내일 일은 내일이 염려할 것이요 한 날의 괴로움은 그 날로 족하니라
간단한 단락	성경 본문만	연설: 한 단락	연설: 한 줄에 한 절

새 형식 만들기

– 성경 구절 복사 형식 –

❹ 복사할 프로그램을 정합니다.

❺ **복사** : 성경 구절을 복사합니다.

　　붙여넣기는 자동으로 실행되지 않습니다.

❻ **복사 및 붙여넣기** : 복사하여 붙여넣기가 자동으로 실행됩니다.

HTML 편집기
Microsoft PowerPoint
Microsoft Publisher
Microsoft Word
LibreOffice Writer
StarOffice
워드패드
WordPerfect
더 보기
Faithlife Proclaim

– Windows 복사 프로그램 선택 –

여러 역본 함께 복사하기

여러 역본을 함께 복사할 때는 성경 구절 복사 도구를 사용하지 않고, 역본 비교 도구를 사용합니다. 연구 자료나 교재를 만들 때에 단일 번역이 아니라 번역을 대조하며 계속 설명해야 할 때 사용할 수 있는 기능입니다. **도구 〉 역본 비교하기**를 실행합니다.

– 성경 복사를 위한 역본 비교하기 –

❶ 함께 번역하기 원하는 번역을 선택합니다. 서재에서 자료를 검색하는 검색식을 이곳에서 사용할 수 있습니다. 간단히 성경 약어를 입력하면 됩니다.

– 역본 비교 번역 선택 –

❷ 복사를 원하는 성경 구절을 입력합니다.

❸ 패널 설정 메뉴를 실행합니다. **인쇄/내보내기**를 실행합니다. 또는 **Ctrl + P**를 통해 실행할 수 도 있습니다.

– 역본 비교 인쇄/내보내기 설정 –

빨간 상자 안의 내보내기 설정을 통해 클립보드로 보내거나 바로 MSWord, Powerpoint 등으로 성경 구절을 한 번에 여러 번역으로 보낼 수 있습니다.

예쁘게 복사하기 – 시각 자료 생성

시각 자료 생성은 성경 구절 복사에만 사용할 수 있는 기능은 아닙니다. 그러나 성경 구절 복사에 가장 효과적으로 사용할 수 있기 때문에, 성경 구절 복사하는 기능으로 함께 소개합니다. 특별히 교회 프리젠테이션 자료나 SNS에 업로드 할 때도 효과적으로 사용할 수 있습니다.[17] 성경을 읽다가 상황 메뉴를 이용하면 편리하게 성경 구절을 시각 자료로 아름답게 구성하여 복사할 수 있습니다. 오른쪽 상자에서 선택한 부분이 어디인지 잘 확인해야 합니다.

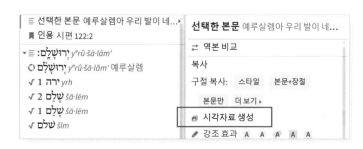

– 상황 메뉴를 이용한 시각 자료 생성 –

– 성구를 복사하여 생성된 미디어 –

---

17 Faithlife에서는 Logos 성경 프로그램의 자매 제품으로 교회 전문 프리젠테이션 프로그램인 Proclaim이 있습니다. 하지만 아직 한국에 정식으로 출시되지는 않았습니다.

성경 구절을 복사하여 시각 자료를 생성하면, 자동적으로 그 성경에 맞는 미디어를 찾아서 생성합니다. 그러나 배경이 마음에 들지 않는다면 ❶ **미디어 찾기**를 통해 적절한 배경을 선택할 수 있습니다. 로고스가 제공하는 폰트로만 편집해야 한다는 점이 아쉬운데, ❷을 통해 프리젠테이션 프로그램으로 **내보내기** 한 후 작업하는 방법이 있습니다. 내용을 제외한 배경만 내보내거나, 수정 또는 추가하고 싶은 내용이 있을 경우 ❸, ❹의 내용을 편집하면 됩니다.

독립적으로 미디어 도구를 실행하려면, **도구 〉 미디어**를 실행합니다. 여기에서 인쪽 열에서 필터링 방법을 통해 자신이 원하는 프리젠테이션 자료를 검색합니다.

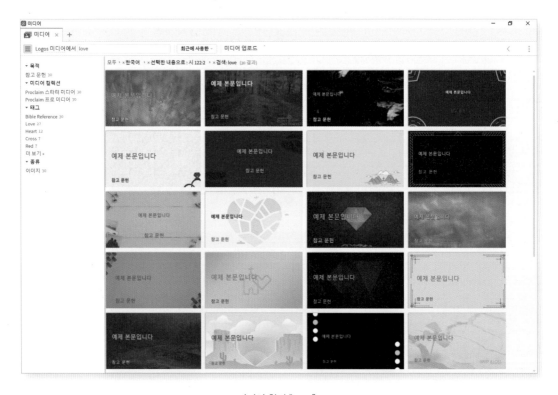

– 미디어 찾기 "love" –

07

성경을 읽으며 바로 연구하기

상황 메뉴

프로그램을 통해 매우 효율적으로 연구할 수 있는 이유는 제한된 시간에 보다 많은 자료를 정확하고 신속하게 깊은 내용까지 살펴볼 수 있기 때문입니다. 신학생, 목회자, 신학자 누구를 막론하고 늘 시간이 부족합니다. 그러므로 바로 읽으면서 자료를 살피고, 검색하는 상황 메뉴 기능들을 살펴보려고 합니다. **상황메뉴**는 정교하고 세밀한 검색 방법보다 우선적으로 익혀야 할 기능입니다.

자료, 특히 성경 본문에서 궁금한 부분이 있다면, **오른쪽 마우스 단추 클릭 〉 왼쪽 〉 오른쪽**을 기억하세요.

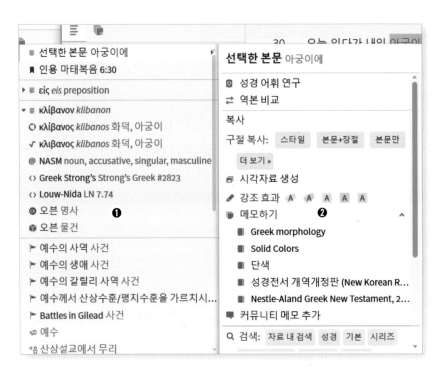

– 성경 본문 상황 메뉴[18] –

마태복음을 읽던 중 6:30에서 "아궁이"에서 오른쪽 마우스 단추를 클릭하면 위와 같은 상황 메뉴가 표시됩니다.[19] 어느 자료이든 연구하려고 하는 부분에서 이와 같이 실행합니다.

❶ **정보 선택** : 이 정보들 가운데 어떤 부분이 선택되었는지 확인해야 합니다. 사용하고자 하는 정보를 정확히 선택해야 원하는 기능을 실행할 수 있습니다.

❷ **기능 선택** : 여기에서 실행하고자 하는 기능을 선택합니다.

---

18 상황 메뉴는 Logos 8.7에서 대폭 개선되었다. 단순 나열에서 관련 기능, 정보에 따라 보다 일목 요연하게 검색과 기타 기능을 실행할 수 있다.

19 경우에 따라 한글 패키지를 구매하지 않고 영문 패키지이면서, 한글 성경의 본문만 가지고 있고 다른 데이터는 가지고 있지 않을 경우는 메뉴가 훨씬 간단하게 표시된다.

예를 들어, 마태복음 6:30 전체를 복사하고자 한다면 ❶ 마태복음 6:30을 선택하고 ❷ 복사를 선택하면 됩니다. 물론 복사에서도 원하는 방식을 구체적으로 설정해야 합니다. 또 헬라어 "κλιβανος"를 기준으로 검색해 본다면 옆에 원그래프 모양을 선택(원형이라는 의미의 아이콘)하고 검색에서 이 자료를 검색하면 됩니다. 이 자료(자료 내)를 선택하면 본문 안에서 해당 단어를 포함하는 구절만 정리해 보여줍니다. 정확한 정보를 선택하고, 원하는 기능을 수행하는 일이 중요합니다. 선택이 잘못되면 제대로 된 기능을 실행할 수 없습니다.

상황 메뉴를 이용해서 연구할 수 있는 범위는 매우 다양하므로 원리적인 부분을 먼저 살펴보고 구체적인 부분은 이어지는 각 단락에서 보다 자세히 알아봅니다. 다음으로는 사용자가 자료나 커서, 마우스 포인터를 이동함에 따라 자동적으로 정보를 표시하는 도구들을 살펴보겠습니다.

정보

정보

도구 〉 정보

정보 도구를 실행하면, 오른쪽에 정보 창이 실행됩니다. 본문에 대해 필요한 정보를 보여주기 때문에 자동으로 적절하게 윈도우가 표시됩니다. 윈도우의 위치와 크기는 사용자가 원하는 대로 조절할 수 있습니다.

정보는 마우스 포인터가 자리한 본문에 대한 정보를 자동으로 제공합니다. 상황 메뉴에는 사용자의 선택이 들어가지만, 이 성보 도구는 마우스 포인터를 이동함에 따라 정보를 자동적으로 표시합니다. 한글 개역 개정 성경처럼 행간 정보가 있는 자료는 정보 도구에서 아래와 같은 항목을 표시합니다.

"정보"처럼 자동으로 제공하는 정보가 바뀌는 도구는 마우스 포인터 위치에 따라, 혹은 클릭했을 때로 정보 연동 방식을 설정할 수 있습니다. 패널 설정 메뉴에서 조건을 선택합니다. 또한 추가 가능한 항목이 있을 때에는, 추가 메뉴가 진하게 활성화됩니다.

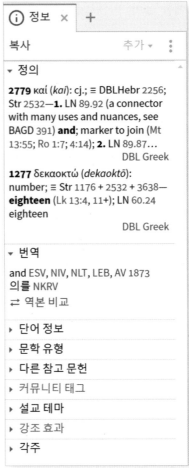

– 정보 업데이트 방식 –

– 정보 도구 –

구절 탐색기

도구 〉 구절 〉 구절 탐색기

정보가 마우스가 위치한 곳, 즉 단어에 연결된 정보를 보여주는 도구라면, **구절 탐색기**는 성경 구절에 연결된 정보 즉 사건, 인물, 사물 등 이모저모를 보여줍니다. 따라서 성경을 읽어 나갈 때, 두 도구를 함께 띄워 놓으면 편리하게 성경 본문을 연구할 수 있습니다.

로고스는 내가 일일이 찾아가지 않아도 자료의 이용에 따라 정보를 계속 연동하여 보여주므로, 꼭 필요한 자료나 내용을 놓치지 않고 접근하도록 도와줍니다.

여기서 잠깐

아이콘
로고스는 각종 기능과 자료 옆에 그 특징을 나타내는 아이콘이 있습니다. 정보 탐색기에도 여러 아이콘이 함께 표시되는 걸 볼 수 있는데, 각 아이콘이 어떤 의미인지 파악하면 로고스를 보다 쉽게 사용하면서도, 깊은 연구가 가능합니다.

– 구절 탐색기 도구 –

인용문 검색

도구 〉 검색 〉 인용문 검색

해당 본문을 어느 자료에서 인용했는지를 보여줍니다. 패널 설정 메뉴에서 검색 순위로 볼 것인지, 자료 순으로 볼 것인지 결정할 수 있습니다.

자동 검색
도구 〉 검색 〉 자동 검색

자동 검색은 자료의 성경 구절이나, 각주에 있는 노트, 또는 단어에 대한 정보를 자동으로 검색해 보여줍니다. 특별히 사전에서 단어에 대해 변화형이나 그 의미를 찾아주며, 도구를 통해 별도로 실행하거나 본문을 살피는 가운데 상황 메뉴를 통해서도 손쉽게 사용할 수 있습니다.

정보의 종류도 중요하지만, 어디에 표시하는지도 매우 중요합니다. 대부분 자동으로 표시되는 위치가 나쁘지 않겠지만, 사용자의 의도에 따라 위치를 바꿀수 있어야 합니다. 특히 여러 개의 윈도우를 다루어야 할 경우에는 도구 배치가 효율성을 좌우합니다. 보다 깊은 이해를 위해서는 "화면 구성"에 대한 단원(p. 28 참고)을 참고하시기 바랍니다.

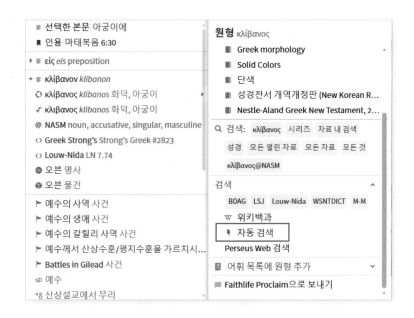

– 상황 메뉴의 자동 검색 –

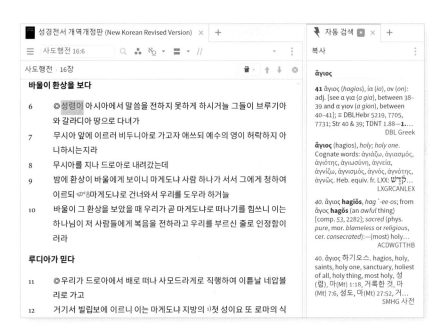

– 자동 검색의 실행 –

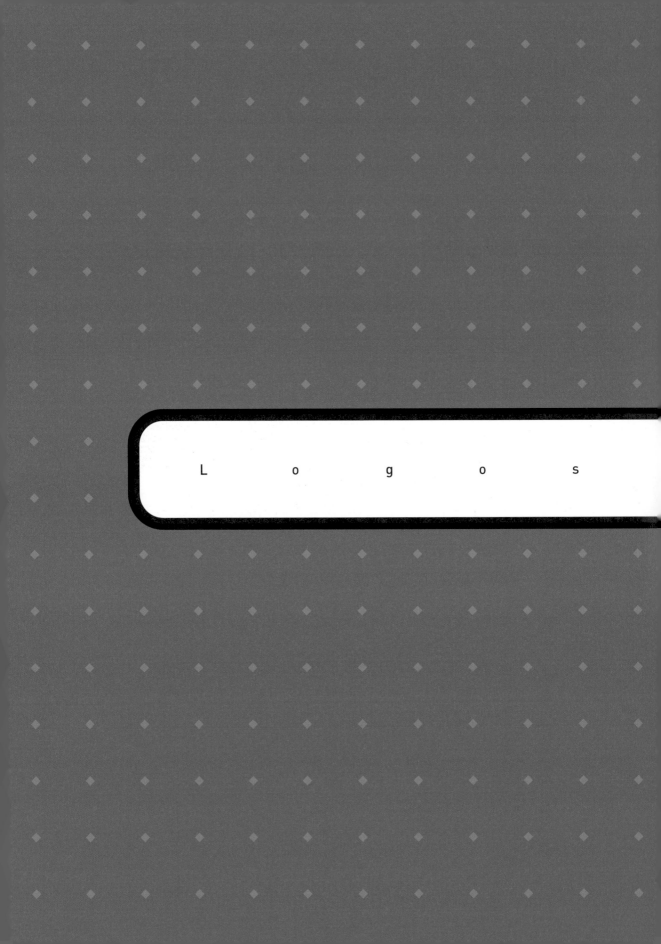

Logos

PART 03
자료 찾고 구성하기

08

자료 찾고
묶어 활용하기

서재에서 자료 찾기

연구할 때, 순수하게 연구에 들어가는 시간의 비율은 얼마나 될까요? 생각 외로 원하는 자료의 위치를 찾는데 들어가는 시간이 만만치 않습니다. 또 그 안에서 원하는 부분, 구절이 어디인지 까지 따진다면 순수하게 연구에 사용하는 시간은 일부분일지도 모르겠습니다. 로고스 같은 도 구를 익히는 이유가 바로 여기 있습니다. 빨리, 정확하게 찾는 다양한 도구를 제공해 줍니다. 이제 내가 가지고 있는 자료를 확인하고 찾는 서재 도구에 대하여 알아봅시다.

– 로고스 서재(Library) 도구 –

로고스 서재 도구는 좌측 상단 세 번째에 자리하고 있습니다. 책꽂이에 꽂힌 책 모양 아이콘이 죠. 로고스를 오래 사용하고, 또 필요한 자료를 추가해 나가면 자료가 수천 권 이상 되는 일도 드물지 않기 때문에 원하는 자료를 신속하게, 체계적으로 찾을 수 있어야 합니다.

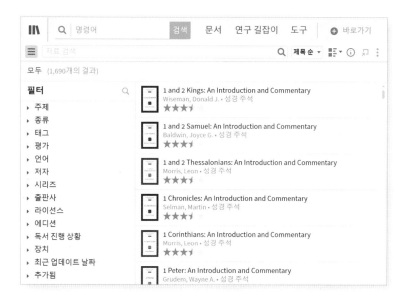

– 서재 실행 화면 –

❶ 자료를 걸러내어 표시하는 필터 사이드 바를 열고 닫음

왼쪽에 나열된 필터로 자료를 걸러 낼 수 있다. 예를 들어 왼쪽에서 **언어 〉한국어**를 선택하여 한 번 필터링하면, 오른쪽과 같이 한국어 자료만 보입니다. 원하는 순서대로 클릭하여, 자료를 좁혀나가면 원하는 자료를 쉽게 찾을 수 있습니다.

❷ 자료 검색식 입력란

❶의 기능은 사실 검색식 입력을 보다 편리하게 돕기 위해 새로 추가되었습니다. 연속적으로 필터를 눌러 찾아가듯이 입력란에 **언어:한국어**를 입력해도 동일하게 자료를 찾을 수 있습니다.

명령어 입력

명령어를 입력할 때 한글로 명령해도 문제없이 기능을 사용할 수 있는 경우가 더 많지만, 2byte 문자라는 한글의 특성상 제대로 작동하지 않을 수도 있습니다. 이런 이유로 특정 기능은 영어로 명령해야만 제대로 동작하는 경우도 있음을 알아 둡시다.

한글	영어
저자:	author:
종류:	type:
언어:	language:

특히 어느 시점 이후에 출판된 자료를 찾기 위해 사용하는 **pubdate:** 같은 명령어는 한국어로는 잘 구현되지 않습니다. **pubdate:>=2000(2000년 이후에 출간된 자료)**처럼 등호, 부등호를 사용하여 출판 날짜의 범위를 정해 줍니다.

❸ 자료 정렬 방식 변경

이 메뉴는 ❹에서 커버 뷰, 타일 뷰가 선택되었을 때 표시됩니다. 디테일 뷰는 열제목이 정렬 기준의 역할을 하므로 자료 정렬 방식 아이콘이 따로 표시되지 않습니다.

– 자료 정렬 방식 –

❹ 자료 표시 방식 변경

검색한 자료를 체계적으로 살펴볼 때 유용한 "디테일 뷰"에 대해 조금 더 알아봅시다. 이 도구를 사용하면, 마치 스프레드쉬트 프로그램과 유사하게, 특정한 기준에 따라 정렬하고 살펴볼 수 있습니다.

– 자료 표시 방식 –

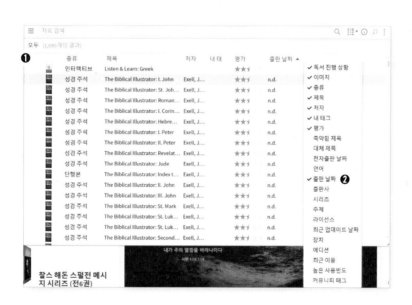

– 자료 디테일 뷰 –

❶ 제목 표시줄에 있는 각 제목을 누르면 그 기준에 따라 자료가 정렬되고 표시줄을 오른쪽 마우스 단추로 누르면, 추가 표시할 수 있는 ❷ 제목이 나열됩니다.

❺ 자료 정보 확인

자료에 대한 다양한 정보와 태그를 확인하고, 자신이 내용을 추가할 수 있습니다. 약어를 "짧은 제목"에 기입하거나 별점을 매겨 나중에 평가를 기준으로 검색할 때 사용하도록 합니다.

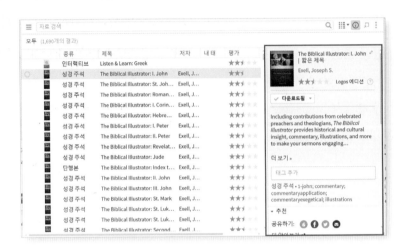

– 자료 정보 확인 –

❻ 새 창에서 열기

자료를 새 창에서 엽니다.

❼ 패널 메뉴를 열거나 닫기

자료에 대한 패널 메뉴를 통해 추가 작업을 진행합니다. **우선 순위 자료**란 성경이나 기타 자료에서 로고스에서 우선적으로 사용할 자료를 선택하는 곳입니다. 이 우선 순위 목록의 상위에 위치한 자료 먼저 모든 목록과 기능에 반영됩니다. 예를 들어 우선 순위 목록의 가장 위에 있는 성경은 선호하는 성경이 되어서, 성령 링크의 본문을 표시하는데 사용됩니다.

– 서재의 패널 메뉴 –

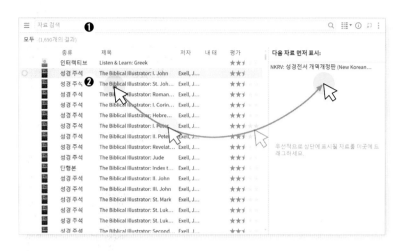

– 우선 순위 자료 선정 –

❶ 자료를 검색하여, ❷ 원하는 자료를 선택하여 다음 **자료 먼저 표시:**의 원하는 위치에 가져다 놓으면, 우선 순위 자료 설정이 완료됩니다.

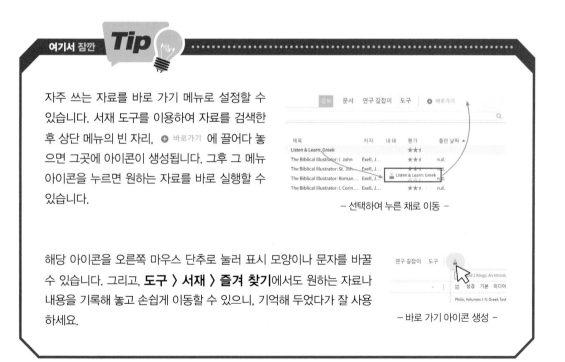

여기서 잠깐 **Tip**

자주 쓰는 자료를 바로 가기 메뉴로 설정할 수 있습니다. 서재 도구를 이용하여 자료를 검색한 후 상단 메뉴의 빈 자리, ⊕ 바로가기 에 끌어다 놓으면 그곳에 아이콘이 생성됩니다. 그후 그 메뉴 아이콘을 누르면 원하는 자료를 바로 실행할 수 있습니다.

– 선택하여 누른 채로 이동 –

해당 아이콘을 오른쪽 마우스 단추로 눌러 표시 모양이나 문자를 바꿀 수 있습니다. 그리고, **도구 〉 서재 〉 즐겨 찾기**에서도 원하는 자료나 내용을 기록해 놓고 손쉽게 이동할 수 있으니, 기억해 두었다가 잘 사용하세요.

– 바로 가기 아이콘 생성 –

로고스에서 자료와 관련된 도구는 대부분 서재에서 자료를 검색하는 방법 그대로 자료를 검색하여 활용합니다.

자료 묶어 활용하기: 컬렉션

로고스의 장점은 자료가 풍부하고 또 지속적으로 그 자료를 추가할 수 있다는 점입니다. 따라서 단일 자료를 다루는 도구에 더하여, 여러 자료를 함께 다루고 검색하는 도구가 발달되어 있습니다. 자신이 원하는 자료만 제한하여 검색하거나 분석할 때 사용되는 컬렉션 도구에 대해 살펴보겠습니다. 컬렉션은 **도구 〉 서재 〉 컬렉션**에서 실행합니다.

– 컬렉션 –

❶ 컬렉션의 이름을 붙입니다.

❷ 어떤 자료들을 컬렉션에 포함시킬지, 서재에서 자료를 찾을 때 사용하는 검색식을 사용하여 자료를 찾습니다.

❸ 추가할 자료를 올립니다.

❹ 제외할 자료를 올립니다.

❺❷ 검색식에 해당하는 자료가 표시됩니다.

− 컬렉션 구성 예시 −

예를 들어, **language:korean type:commentary**로 검색하면 컬렉션 결과에 해당하는 자료가 아래 나열됩니다. 이대로 닫아서 저장하면 아래 결과에 나온 목록 모두가 그대로 "**새 컬렉션**"이라는 이름으로 저장됩니다. 결과 자료 중에 일부를 **이 자료 추가하기**에 올리고 새로 검색하여 자료를 또 추가하거나 제외하기를 통해 원하는 자료를 정리한 다음 컬렉션을 저장합니다.

한 가지 주의할 점은 위의 상자에서 자료 추가하기에 있는 자료와 컬렉션 결과에 있는 자료가 모두 컬렉션에 포함된다는 점입니다. 컬렉션 결과 전체를 원하지 않는다면, 원하는 자료는 **이 자료 추가하기**에 올려놓고 **다음 규칙과 일치하는 자료** 아래에 있는 검색식을 지워야 컬렉션 결과 자료가 사라집니다. 이름을 붙인 컬렉션은 검색이나, 자료를 활용하는 도구에서 선택하여 사용할 수 있습니다.

어떤 자료를 찾았을까

가끔 전에 보았던 자료나 내용이 생각나지 않아, 곤란할 때가 있습니다. 과거 사용 기록을 금방 확인할 수 있다면 불필요한 시간 낭비를 줄일 수 있겠죠. 이를 확인할 수 있는 방법을 살펴봅시다.

❶ 화면 구성에서 과거 기록 찾기

상단 메뉴의 화면 구성에서 사용자가 살펴보았던 자료와 구성을 쉽게 찾아볼 수 있습니다. 찾기 원하는 시점으로 스크롤하여 살펴봅니다.

– 화면 구성의 사용 기록 –

❷ 검색 기록

또한 검색과 사용을 기록하는 전문적인 도구를 활용할 수도 있습니다. 검색 기록에서는 단순한 검색 기록에 더하여, 어떤 도구를 사용했는지 확인할 수 있기 때문에 사용 이력을 보다 더 정확히 살펴볼 수 있습니다. **도구 〉 서재 〉 검색 기록**에서 원하는 실행합니다.

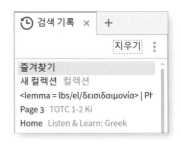

– 검색 기록 –

자료 정리: 참고 문헌

전문적인 학술 연구 활동을 위해서는 자신이 참고했거나 필요한 자료 목록을 체계적으로 관리해야 합니다. **참고 문헌** 도구는 이런 필요를 채워줍니다. 서지 사항 표시 방식도 쉽게 바꿀 수 있어서 매우 편리한 도구입니다.

문서 > 새 문서 > 참고 문헌

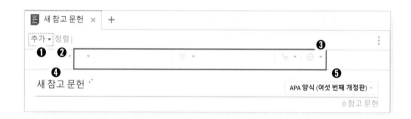

– 참고 문헌 메뉴 –

❶ **참고 문헌 추가 방법** : 추가 방법을 나열된 항목 중에서 선택합니다.

❷ **정렬** : 나열되는 문헌 목록을 순서대로 정렬합니다.

❸ 참고 문헌 내용을 편집하기 위한 메뉴입니다.

❹ 현재 편집하고 있는 문헌 목록의 이름을 정합니다.

❺ 참고 문헌 양식을 바꾸어 줍니다.

추가 ▲ 정렬 |
참고 문헌 추가:
... 선택된 본문
... 모든 열린 자료
... 다른 참고문헌
... 스크랩 문서
... 컬렉션
... 클립보드
... 검색 기록

– 참고 문헌 추가 방법 –

새 참고 문헌   **APA 양식 (여섯 번째 개정판)**
4 참고 문헌

Exell, J. S. (n.d.). *The Biblical Illustrator: I. John* (p. iii). London: James Nisbet & Co.

The Holy Bible: New Korean Revised Version. (n.d.). (electronic ed., 행 16:11). South Korea.

Wiseman, D. J. (1993). *1 and 2 Kings: an introduction and commentary* (Vol. 9, p. 3). Downers Grove, IL: InterVarsity Press.

(n.d.).

– APA 양식 참고 문헌 –

새 참고 문헌 ⌕   **Harvard 양식** ▾

4 참고 문헌

Exell, J.S., n.d. *The Biblical Illustrator: I. John*, London: James Nisbet & Co.

Anon, *The Holy Bible: New Korean Revised Version* electronic ed., South Korea.

Wiseman, D.J., 1993. *1 and 2 Kings: an introduction and commentary*, Downers Grove, IL: InterVarsity Press.

Anon,

– Havard 양식 참고 문헌 –

- American Anthropological Association
  – 미국인류학협회
- American Political Science Association
  – 미국정치학회
- American Sociological Association
  – 미국사회학회
- APA 양식 (여섯 번째 개정판)
- Chicago Manual 양식
- Christian Writer's Manual of Style
- DIN 1505 양식
- Harvard 양식
- MLA 양식

- Modern Humanities Research Association
- Pontifical Athenaeum Regina Apostolorum
- Pontifical Biblical Institute
  – 교황청 성서연구원
- SBL Handbook of Style (두 번째 판)
- SBL Handbook of Style (첫 번째 판)
- Turabian 양식
- Unified Style Linguistics

– 사용할 수 있는 참고 문헌 양식 –

09 자료 배치하기: 화면 구성

로고스 패키지에는 풍부한 자료가 있습니다. 또한 거기에 계속 사용자가 필요한 자료를 별도로 추가할 수 있으며, 또 자료를 단순히 보유하는 것에 그치지 않고, 그것을 조직하며 편리하게 검색할 수 있습니다. 게다가 여러 자료를 사용자가 원하는 모양대로 배치하고 서로 연동시킬 수 있어서 더욱 편리합니다. 이 단락에서 살펴볼 **화면 구성**(Layout)은 단지 보기 좋게 자료 배치하는 기능만이 아닙니다. 성경 구절 정보와 단어 정보에 따라 연동이 되기 때문에 사용자가 성경을 자유롭게 읽어 나가면 그에 관한 다른 자료의 정보를 손쉽게 확인할 수 있습니다. 화면 구성은 도구 모음 우측 상단의 사각형이 모여 있는 메뉴 아이콘을 이용해서 실행합니다.

– 화면 구성 메뉴 –

화면 구성 도구가 실행되면, 왼쪽에는 미리 만들어진 화면 구성과 저장한 화면 구성이 나열되고, 오른쪽에는 사용자가 연구했던 자료의 화면 배치가 시간 순서로 나열됩니다.

– 화면 구성 실행 화면 –

화면 구성 방법 익히기

왼쪽에 있는 빠른 시작을 위한 화면 구성을 살펴보면 사용자가 원하는 대로 구성하는 방법을 쉽게 익힐 수 있습니다. 미리 만들어진 화면 구성을 한 번 살펴봅시다.

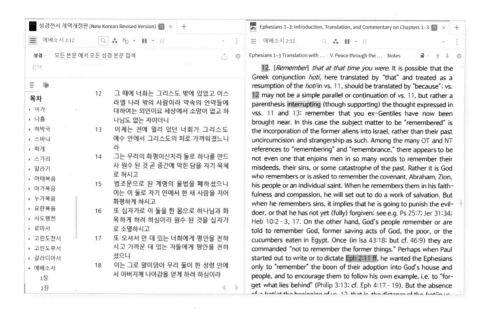

– 성경과 주석 화면 구성 –

먼저 성경과 주석을 함께 펼친 화면 구성입니다. 성경을 읽으면서 선호하는 주석을 바로 옆에서 확인할 수 있는 구성입니다. 그런데 화면 구성을 잘 이해하려면, "자료 연결" 기능을 다시한 번 살펴보아야 합니다. 위 구성은 두 자료만 연결하는 것이기 때문에 매우 간단하지만, 여러 자료가 복잡하게 연결되기도 합니다. 하지만 자료 연결의 방법과 원리만 이해하면 사용자가 원하는 구성을 만들기도 결코 어렵지 않고 매우 간단함을 알 수 있습니다. 열쇠는 이 부분에 있습니다. 다른 자료에

같은 글자가 표시되면 함께 연동되었다는 뜻입니다. 각 자료에 있는 패널 메뉴를 열어 자료를 연결합니다. 연결하고 싶은 자료가 있으면 여기에서 동일한 글자를 선택해 주면 됩니다.

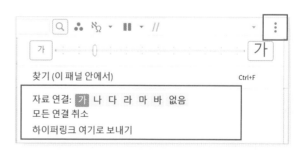

– 패널 메뉴 자료 연결 –

– 히브리어 어휘 연구 화면 구성 –

자료 연결은 성경 구절 정보와 어휘 정보를 통해서도 가능합니다. 위 화면 구성은 히브리어 어휘 연구 화면 구성인데, 히브리어 단어를 기준으로 자료가 연결되었습니다.

또한 화면 구성이 편리한 이유는 하나의 화면에 자료를 구성할 수 있을 뿐 아니라, 듀얼 모니터, 트리플 모니터에 자료 윈도우를 각각 띄운 후에도 연결할 수 있기 때문입니다. 원하는 자료를 따로 떨어진 새 창에서 열기를 원하면, 탭의 제목 부분을 오른쪽 마우스 단추로 클릭하여 선택합니다.

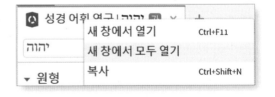

– 자료 새창에서 열기 –

새 창에서 열린 자료를 다시 한 곳으로 모으려면, 같은 방법으로 탭 고정합니다. 옆에 기록된 단축키를 사용할 수도 있습니다.

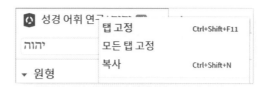

사용자의 화면 구성 저장하기

기존의 화면 구성을 살짝 조정해서 원하는 구성을 만들어 사용하는 것도 좋지만, 자신이 원하는 자료와 연결로 화면 구성을 해야 사용자의 필요에 딱 맞는 적절한 구성을 만들 수 있을 것입니다. 먼저 다음 순서를 따라 자신이 원하는 화면 구성을 만들어 봅시다. 자료 연결과 배치 순서는 바뀌어도 큰 상관은 없습니다.

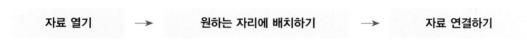

화면을 구성한 후에 화면 구성 메뉴를 열어 오른쪽 열을 확인하면 다음과 같이 표시됩니다. 자신이 구성한 화면 구성이 지금에 표시되는데, **이름 있는 화면 구성으로 저장**을 누르면 현재 구성을 이름을 붙여 저장할 수 있습니다. 로고스는 사용자가 프로그램을 실행하고 있는 중간에 중요한 이벤트가 있을 경우 그 화면 구성을 찍어 둡니다. 이것을 **스냅 사진**이라고 합니

다. 그리고 프로그램을 종료할 때도 종료할 당시의 구성을 저장하는데, 이러한 기록에 이름을 붙여서 저장할 수도 있습니다. 마우스를 해당 구성에 가져 가면 표시되는 **(으)로 저장**을

– 스냅 사진 저장 –

클릭하여 전에 사용했던 구성을 저장합니다. 이름을 붙여 저장하고 활용하는 방법을 조금 더 살펴봅시다.

❶ 원하는 화면 구성에 이름을 입력

❷ 실행 단추를 누르면 입력한 이름으로 화면이 저장

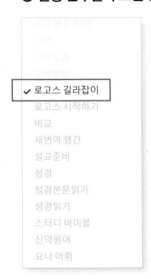

저장된 화면 구성 아래에 왼쪽 그림과 같이 새로 생성한 화면 구성의 이름이 있음을 알 수 있습니다. 프로그램을 다시 실행한 경우에도 이곳을 찾아서 화면 구성을 다시 실행할 수 있습니다. 또한 명령 입력란에 저장한 화면 구성의 이름을 입력해도 손쉽게 화면 구성을 실행합니다.

▸ 빠른 시작을 위한 화면 구성
▸ 화면 구성 바로가기
▸ 저장된 화면 구성

화면 구성 바로 가기 만들기

화면 구성을 빠르게 실행하는 또 다른 방법은 상단 도구 모음에 바로 가기를 만드는 것입니다. 저장된 화면 구성 이름을 끌어서 바로 가기 메뉴 자리에 떨어뜨리면 메뉴가 생성됩니다. 단일 자료를 바로 가기 할 수 있지만, 화면 구성을 바로 가기로 설정해 놓으면 매우 편리하게 사용할 수 있습니다.

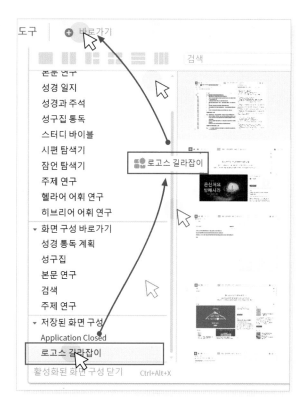

– 저장된 화면 구성 바로가기 만들기 –

– 바로 가기 메뉴 설정 –

생성된 메뉴를 편집하여 아이콘 모양을 바꾸거나 이름을 바꿀 수 있습니다. 해당 메뉴에서 오른쪽 마우스 단추를 눌러 실행되는 편집 화면을 사용합니다.

시작 화면을 원하는 화면 구성으로

로고스를 처음 시작하면, 홈페이지 화면이 표시됩니다. 그런데, 사용자가 자주 사용하는 화면 구성이 있다면, 바로 그 화면 구성으로 로고스를 시작할 수 있습니다. 프로그램 설정에서 시작 화면 구성을 선택합니다. **도구 〉 프로그램 설정 〉 시작화면**에서 홈을 다른 화면 구성으로 바꾸어 줍니다.

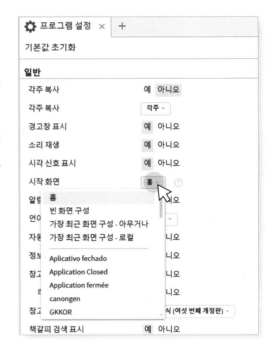

– 화면 구성으로 프로그램 시작 –

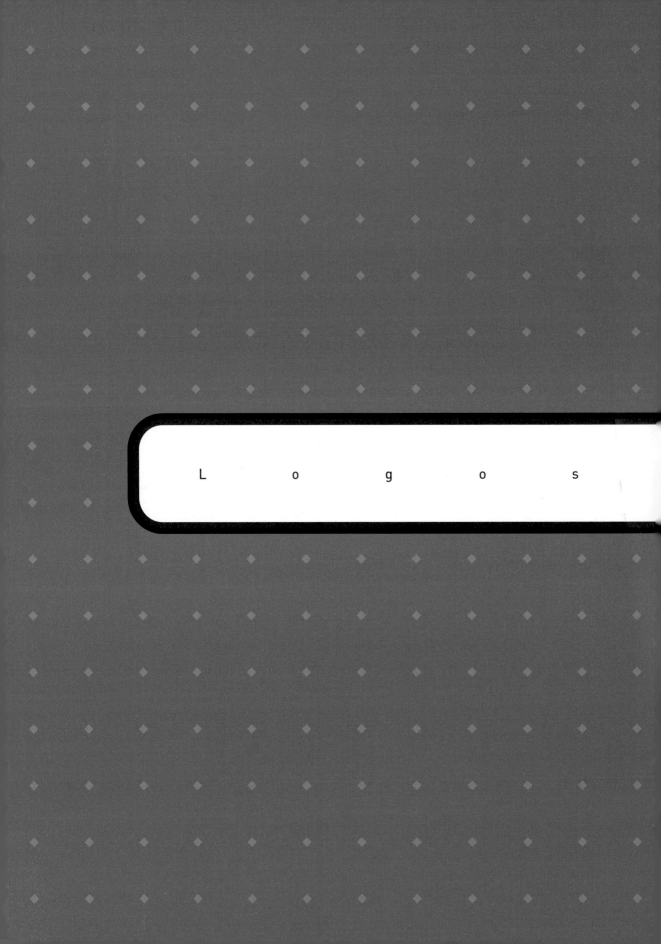

Logos

PART 04

연구 길잡이(GUIDE)

10

연구 길잡이

낮선 지역을 여행하며, 시간도 부족하다면 여행 가이드의 도움을 얻을 때가 많습니다. 신학 연구도 마찬가지입니다. 프로그램은 연구를 도와주지만, 처음 사용하면 낯설어서 쉽게 이용하기 어렵습니다. 신학 수업 새내기는 연구 방법론 자체가 서투르기 때문에 강력한 도구를 어떻게 사용할 지 감이 잡히지 않고 디지털에 익숙하지 않은 세대에게는 사용 방법이 낯설기도 합니다. 이럴 때 필요한 것이 **연구 길잡이**(guide)입니다. 연구 길잡이는 성경이나 신학을 연구할 때 필요한 정보를 몇 가지로 구분하여 체계적인 정보를 제공하는 도구입니다. 초보자도 사용할 수 있을 만큼 편리하고, 전문가라도 사용할 수 있을 만큼 다양하고 체계적입니다.

각 연구 길잡이는 더 작은 단위의, 정보를 제공하는 섹션이 합쳐져 필요한 내용을 체계적으로 전달합니다. 따라서 연구 길잡이에 대한 설명은 각 연구 길잡이가 어떤 섹션을 포함하고 있고 그 섹션은 어떤 정보를 담고 있는지에 집중하게 될 것입니다.

– 연구 길잡이의 섹션 –

제공하는 연구 길잡이는 이러한 수십 개의 섹션 중에서 연구 주제에 필요한 부분을 모아 구성됩니다. 세부 정보 제공 섹션이 합쳐져 큰 주제에 대한 체계적인 정보를 사용자에게 제공합니다. 위 그림에 나오는 성경 본문 연구에서는 특정 성경 구절 범위에 대한 연구를 진행하는데 필요한 내용을 이러한 방식으로 제공하고 있습니다. 연구 길잡이는 도구 메뉴 상단에 위치해 있으며, 실행한 화면은 다음과 같습니다.

– 연구 길잡이 실행 화면 –

❶ 먼저 다양한 주제의 연구를 돕는 연구 길잡이를 표시합니다.

– 연구 길잡이 –

❷ 그리고 로고스 8에서는 "**연구 과정 길잡이**" 도구가 추가되었습니다. 로고스를 잘 사용하지 못하는 이유는 신학을 연구하는 방법론에 익숙하지 못하기 때문일 때가 적지 않습니다. 연구 과정 길잡이는 과연 특정 주제의 연구 또는 묵상을 어떻게 진행할 것인가, 그 과정 안내를 매우 자세하게 보여 줍니다.

❸ 특별히 강화된 로고스 8의 공유 기능으로 세계 여러 사용자들이 자신이 작성한 문서나 도구를 공유합니다. 공개 자료 중에 연구 길잡이와 연구 과정 길잡이를 검색하여 자신이 원하는 가이드를 찾아봅니다. 필터링 방식으로 공유 문서를 찾으면 자신에게 알맞은 문서에 쉽게 접근할 수 있습니다.

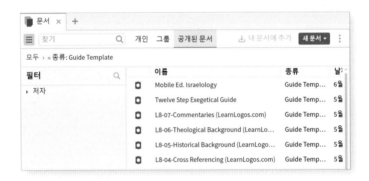

– 공유 문서에서 연구 길잡이 탬플릿 찾기 –

❹ 길잡이는 여러 섹션이 특정 주제에 맞게 모여 있는 것으로, 기존에 만들어져 있는 길잡이 외에 자신이 원하는 섹션을 조합하여 새 길잡이를 만들어 사용할 수 있습니다.

성경 본문 연구[20]

성경 본문 연구

성경 본문 연구 | 마태복음 7:12   ✕   ＋

마태복음 7:12   추가 ▾   ⋮

▸ 내 콘텐츠 결과 없음

▾ 주석

    The New International Greek Testament Commentary: The Gospel of Matthew

    The Pillar New Testament Commentary: The Gospel according to Matthew

    The New American Commentary: Matthew

    Matthew: An Introduction and Commentary

    Holman New Testament Commentary: Matthew

    A Handbook on the Gospel of Matthew

    Word Studies in the New Testament

    A Textual Guide to the Greek New Testament

    The Message of Matthew

    The Message of the Sermon on the Mount

    더 보기 »

                                        + 메모 추가

▸ 학술지 결과 없음

▸ 병행 구절

▸ 관주 모음

▸ 중요한 구절

▸ 중요한 어휘

▸ 성서지도

▾ 성경 속 장소 결과 없음

▸ 성경 속 인물

▸ 성경 속 사물

▸ 성경 속 사건

▸ 개요

– 성경 본문 연구 길잡이 –

---

20 로고스에서는 특정 분야를 표시하는 아이콘에 주목할 필요가 있다. 성경 본문을 표시할 때는 성경 책갈피 모양 아이콘이 표시되며, 단어의 기본형과 관계된 기능에는 성경 어휘 연구에 있는 원그래프 모양 아이콘이 표시된다.

성경 본문 연구는 입력한 구절과 관련된 정보를 정리하여 표시합니다. 주석이나 관주, 그리고 본문과 관련된 지리적인 사안이나 개요 등을 보여주는데, 사용자 보유 자료를 체계적으로 표시하므로 아무런 도움 없이 필요한 자료를 뒤적이는 경우보다 훨씬 더 쉽게 원하는 정보에 접근할 수 있습니다.

멋진 장정의 주석을 책꽂이에 꽂아 놓으면 기분은 좋아지지만, 실제적인 활용도와 공간을 생각한다면, 디지털 도구를 활용한 연구의 장점을 무시할 수 없습니다.

모든 명령에서 동일하지만 성경 본문 연구 길잡이에서도 사용자가 성경 본문을 입력했을 때 표시되는 사항을 잘 확인해야 합니다. "마 7:12"이라고 정확히 입력했을 때에도 그 구절을 포함하는 문단을 연구할 것인지, 아니면 정확히 그 구절만 연구할 것인지 선택할 수 있습니다.

– 성경 본문 입력 ① –

– 성경 본문 입력 ② –

성경 구절을 통해서만 본문을 선택할 수 있는 것이 아니라, 문단 제목에 사용한 단어도 검색할 수 있기 때문에 정확히 본문 구절이 생각나지 않아도 원하는 본문을 살펴볼 수 있습니다. 아래 그림과 같이 "풍랑"을 검색하면 거기에 해당하는 공관복음 본문이 모두 표시되기 때문에 원하는 본문을 차례로 비교해 가며 연구할 수도 있습니다.

이곳에 나열되는 자료는 **서재 〉 패널 메뉴 〉 우선 순위 자료**에서 위로 올려놓은 자료를 상단에 표시합니다. 각 연구 길잡이에 사용되는 섹션은 다른 연구 길잡이에서도 사용됩니다. 각 연구 길잡이는 어떤 정보 제공 섹션이 모여 있는지에 따라 다른 역할을 하는 것입니다. 연구 길잡이 중에서도 성경 본문 연구 길잡이는 매우 다양한 정보를 제공합니다. 주석, 학술지의 논문들, 관련된 다른 성경 구절, 지리 정보, 또 성경 본문의 문단 구분을 보여주는 개요, 해당 본문과 관련된 설교 정보를 표시합니다.

– 성경 본문 연구 길잡이 항목 –

일부를 제외한 나머지 항목의 세부 사항에 대해서는 각 연구 길잡이에서 다시 살펴보겠습니다. 먼저 본문에 대한 주석 항목은 기본적으로 로고스 제공 순서에 따라 나열하지만, 우선 순위 자료 설정을 통해 사용자가 원하는 순서로 바꿀 수 있습니다.

– 성경 본문 연구: 주석 –

보다 깊은 연구를 위해서는 논문을 살펴보아야 하는데, 학술지 항목을 통해서 사용자가 가지고 있는 학술지, 정간물에서 본문과 관련된 논문을 찾을 수 있습니다.

– 성경 본문 연구: 학술지 –

성경 어휘 연구

성경 어휘 연구

성경 어휘 연구는 성경 각 단어의 의미를 연구할 때 유용합니다. 그리고 연구 길잡이 중에서도 가장 여러 가지의 섹션을 하나로 모아 놓은 길잡이이기 때문에, 이 길잡이를 통해서 원어 초보자도 성경에 나온 단어, 표현을 깊은 수준으로 연구할 수 있습니다. 다른 프로그램에서는 헬라어나 히브리어의 키보드를 익히지 못해 연구의 어려움을 겪는 경우가 있었는데, 로고스에서는 'g:'을 먼저 입력하고 비슷한 발음의 영어를 입력해서 헬라어 단어를 'h:'하고 같은 방법으로 히브리어 단어를 입력할 수 있습니다. 그리고 로고스 8.8에서 추가된 키보드 변환기를 이용하여 입력할 수도 있습니다(부록3 참고). 또한 **모든 본문**으로 표시된 부분을 눌러 성경 일부분에 사용된 단어의 용례를 살펴볼 수 있습니다.

– 헬라어 단어 입력 –

1. 원형

❶ **원어 사전(Lexicon)** : 해당 단어에 대한 간단한 단어 정의를 정리해서 보여줍니다. 주석이 그랬듯이 우선 순위 자료 설정을 통해 사전 표시 순서를 바꿀 수 있습니다.

❷ **스파크 라인(Sparkline)** : 단어가 성경 어느 부분에 많이 나오는지 색상과 진폭을 통해 보여줍니다 마우스 포인터를 가져가면 구체적인 내용을 알 수 있습니다.

❸ **형태론 차트(Morphology Chart)** : 각 변화형이 얼마나 나오는지 일목요연하게 보여주며, 다시 변화형을 누르면 아래 용례가 표시됩니다.

– 형태론 차트 –

❹ **메모 추가** : 자신이 생각하는 내용을 메모에 첨부합니다.

성경 어휘 연구는 헬라어, 히브리어 단어를 살펴볼 수 있고, 한국어로 로고스를 보는 경우에는 한국어 어휘, 그리고 영어 로고스를 볼 때는 영어 단어를 길잡이에서 연구하며,[21] 그리고 추가 구매를 할 경우 라틴어 단어도 이 길잡이를 통해 연구할 수 있습니다.

2. 역본별 번역

단어가 성경 번역에서 어떻게 옮겨졌는지 살펴봅니다. 처음에는 기본 성경을 표시하지만 번역을 바꾸어서 확인할 수 있습니다.

---

[21] 한국어로 로고스를 보다 성경에 나온 영어 단어를 연구하고 싶으면 프로그램 설정에서 언어를 바꾸어 주어야 한다.

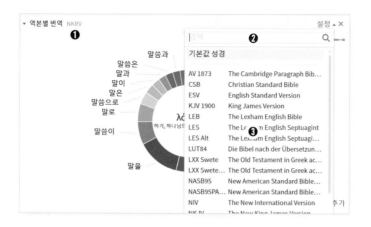

❶ 현재 분석된 번역

❷ **설정** : 성경 번역 검색 – 다시 표시할 번역본을 검색

❸ 성경 번역본 종류

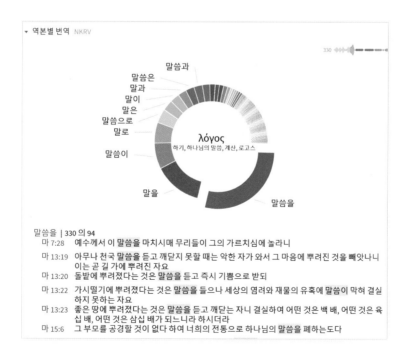

– 역본별 번역 용례 확인 –

어떻게 옮겼는지를 성경 번역본에 따라 확인할 수 있어서 의미를 훨씬 역동적으로 파악할 수 있습니다.

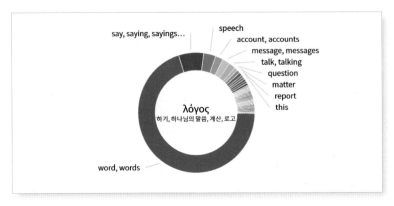

– ESV 역본별 번역[22] –

3. 칠십인역 번역

칠십인역에서 단어가 어떤 히브리어를 번역하는데 사용되었는지 표시합니다. 동일하게 그래프의 각 부분을 누르면 하단에 용례가 표시됩니다.

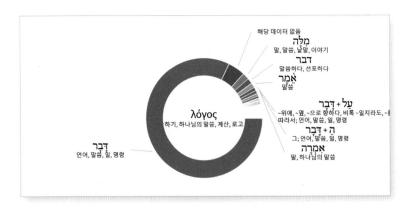

– 칠십인역 분석 –

---

22 한국어는 조사 때문에 같은 단어도 다른 단어와 같이 분석되므로, 영어 번역을 통해 파악하는 것이 더 정확할 때가 많다.

4. 어근

동일한 어근에 속하는 단어의 목록과 의미, 간단한 용례 표시를 비교하여 보여줍시다. 어근을 표시하는 아이콘은 수학 기호 루트와 동일합니다.

– 어근 –

5. 의미(sense)

이 의미를 번역과 혼동하지 말아야 합니다. 번역은 영어, 한국어 등으로 번역본 성경에서 원어를 어떻게 옮겼는지 정리하고, 의미 그래프는 해당 원어 단어가 각 의미에 따라 어떻게 사용되었는지를 그래프로 정리하여 보여줍니다. 각 의미를 펼치면 각 의미로 사용된 용례를 살펴볼 수 있습니다.

– 의미 원그래프 –

– 의미(Sense) 메뉴 아이콘 –

로고스의 기능 무엇에나 아래와 같은 모양이 나타나면 "의미 (Sense)"를 다루고 있다는 표시입니다.

6. 용례

해당 단어가 문장 중에서 어떤 역할로 사용되는지 용례를 살펴봅니다. 단어의 의미를 살펴볼 때, 과거에는 '어원'을 통해 접근했지만, 사실 어원은 문맥 중에 바른 의미를 알려주는 정보가 별로 없습니다. 현대 언어학에서는 단어의 의미를 문장 안에서 담당하는 역할에 따라 살펴보는 경향이 있습니다.[23] 성경 어휘 연구 길잡이의 "용례" 기능은 단어의 문장 속 역할에 따라 용례를 정리해 보여줍니다.

– 성경 어휘 연구 용례 –

7. 문장 구성 요소

단어가 어떤 요소와 함께 나오는지 찾아보는 기능입니다. 지금 살펴보는 단어의 경우, 헬라어 "λογος"가 다른 요소와 함께 나오는 경우를 검색할 수 있습니다. 인물, 장소, 사물 등 매우 다양한 조건으로 검색하므로 포괄적인 "요소" 혹은 "조건"이라고 표현했습니다.

---

23 예를 들어, Clines, D. J. A. (Ed.). (1993–2011). The Dictionary of Classical Hebrew (Vol. I–VIII). Sheffield, England: Sheffield Academic Press; Sheffield Phoenix Press.

– 문장 구성 요소: 문법적 역할 –

"의미역"은 단어가 어떤 의미로 사용되었는지, 문법 구조별로 검색하여 보여줍니다. 예를 들어 요 1:1에서는 λογος가 예수라는 의미로 사용되었음을 아래 그림에서 확인할 수 있습니다.

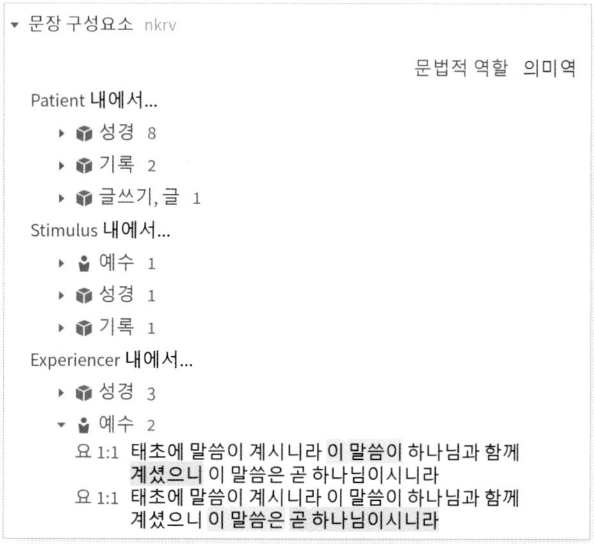

> ▼ 문장 구성요소 nkrv
>
> 문법적 역할 의미역
>
> Patient 내에서...
> ▸ 📦 성경 8
> ▸ 📦 기록 2
> ▸ 📦 글쓰기, 글 1
> Stimulus 내에서...
> ▸ 👤 예수 1
> ▸ 📦 성경 1
> ▸ 📦 기록 1
> Experiencer 내에서...
> ▸ 📦 성경 3
> ▼ 👤 예수 2
> 요 1:1 태초에 말씀이 계시니라 **이 말씀이** 하나님과 함께 **계셨으니** 이 말씀은 곧 하나님이시니라
> 요 1:1 태초에 말씀이 계시니라 이 말씀이 하나님과 함께 계셨으니 **이 말씀은 곧** 하나님이시니라

– 문장 구성 요소: 의미역 –

8. 격틀[24]

격틀이란 서술어의 종류에 따라 그 서술 용언(동사 등)에 이끌리어, 반드시 나타나야만 문장이 될 수 있는 최소한의 문장성분을 의미합니다. 따라서 명사에서는 격틀에 대한 정보가 표시되지 않습니다. 원그래프의 중앙에 단어가 표시되고 약어로 각 격틀 인수들이 약어로 표시되고, 보다 자세한 내용은 아래에 나열됩니다. λογος는 명사이므로 아래 그래프에서는 λεγω를 살펴봅니다.

---

24 여기에서도 볼 수 있듯이, 성경 어휘 연구에서는 신학 대학원 수준에서는 거의 접하지 못하는 최신 언어학 이론에 대한 검색이 가능함을 알 수 있다. 다른 연구 길잡이도 비슷하다. 따라서 로고스를 이용하여 보다 깊은 성경 연구, 신학 연구의 세계로 들어가려면 로고스에서 제시하고 있는 정보가 어떤 의미인가? 진지하게 알아가면서 도구를 사용하면 훨씬 더 빠르게 전문적인 연구가 가능할 것이다.

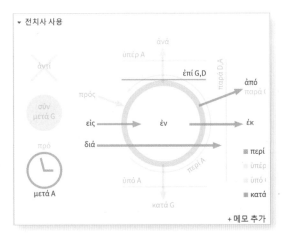

－ 격틀 －

9. 전치사 사용

또한 전치사와 함께 사용된 경우도 살펴볼 수 있습니다. 성경에 함께 사용되지 않은 전치사는 흐린 글씨로 비활성화 됩니다. 표시된 전치사를 누르면 아래에 그 전치사와 함께 사용된 용례가 나열됩니다.

－ 전치사 사용 －

10. 정형구

정형구는 해당 단어를 사용하는 어구 중에서 중요한 어구를 정리해 놓은 것입니다. 성경 주제 연구와 연결이 되어 언제 어떤 분야가 해당 어구와 관련되는지 정리합니다.

▾ 정형구

τοῦ Χριστοῦ λόγον
Teachings related to the person and work of Christ.
⬚ 성경 주제 연구 | 그리스도론

λόγον τοῦ κυρίου *λόγον τοῦ κυρίου, λόγου τοῦ κυρίου, λόγῳ κυρίου*
May be used to refer to divine revelation.
⬚ 성경 주제 연구 | 하나님의 말씀, 단어

λόγος τοῦ κυρίου
May be used to refer to divine revelation.
⬚ 성경 주제 연구 | 하나님의 말씀, 단어

– 정형구 –

11. 자료별 원형 검색

단어에 대해 언급하고 설명한 부분이 있으면 그 부분을 찾아서 보여줍니다. 예를 들어 λογος에 대해 WBC 창세기 주석에서 언급하고 있으면 정확한 위치를 찾아서 표시합니다. 본문과 연관해서 단어의 의미를 살피기 때문에 매우 유용한 기능입니다.

▾ 자료별 원형 검색 모든 주석
구절 자료
▾ 자료별 원형 검색 (9900개의 결과)
▸ ▪ Word Pictures in the New Testament (361개의 결과)
▸ ▪ The Greek Testament (Commentary) (310개의 결과)
▸ ▪ Biblical Commentary on the New Testament... (213개의 결과)
▸ ▪ A Grammatical Analysis of the Greek New... (129개의 결과)

– 자료별 원형 검색: 자료 정렬 –

▾ 자료별 원형 검색 모든 주석
구절 자료
▾ 자료별 원형 검색 (9900개의 결과)
▸ 출애굽기 (7개의 결과)
▸ 민수기 (2개의 결과)
▸ 신명기 (10개의 결과)
▸ 사사기 (2개의 결과)
▸ 사무엘상 (2개의 결과)
▸ 사무엘하 (5개의 결과)
▸ 열왕기상 (6개의 결과)
▸ 열왕기하 (3개의 결과)
▸ 역대하 (6개의 결과)
▸ 에스라 (5개의 결과)
더 보기 »
▸ 다른 원형 (4153개의 결과)

– 자료별 원형 검색: 구절 정렬 –

자료별 원형 검색의 하위 항목에는 **자료별 원형 검색**과 **다른 자료**가 있는데, 다른 자료에서는 구체적인 성경 구절이 표시되지 않은 경우를 찾아줍니다. 전문가들이 해당 단어를 어떻게 다루고 있는지를 살펴보지 않으면, 단어의 뜻을 나름대로 상상하거나, 아니면 사전을 찾아보아도 본문과 어떻게 관계되는지 파악하기가 어려울 수 있습니다. 학자들의 논의를 살펴보면 본문과 동떨어진 단어의 의미가 아니라, 해당 본문과 관련된 단어의 의미 연구에 도움을 얻게 됩니다.

12. 본문 검색

프로그램을 이용하여 성경을 검색할 때, 복잡한 구문을 검색하는 경우는 극히 드뭅니다. 단어 하나나 특정 표현을 찾는 경우가 훨씬 많죠. 복잡한 구문에 대한 검색은 검색식을 구성하여 찾아야 하지만, 간단한 용례 찾기는 성경 어휘 연구의 "본문 검색"으로 확인할 수 있습니다.

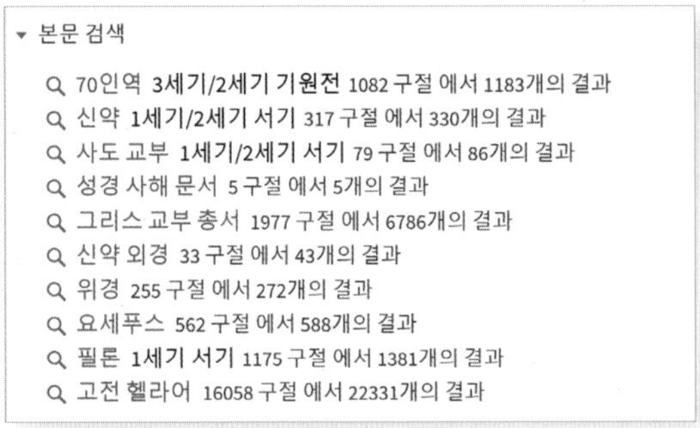

▼ 본문 검색

🔍 70인역 3세기/2세기 기원전 1082 구절 에서 1183개의 결과
🔍 신약 1세기/2세기 서기 317 구절 에서 330개의 결과
🔍 사도 교부 1세기/2세기 서기 79 구절 에서 86개의 결과
🔍 성경 사해 문서 5 구절 에서 5개의 결과
🔍 그리스 교부 총서 1977 구절 에서 6786개의 결과
🔍 신약 외경 33 구절 에서 43개의 결과
🔍 위경 255 구절 에서 272개의 결과
🔍 요세푸스 562 구절 에서 588개의 결과
🔍 필론 1세기 서기 1175 구절 에서 1381개의 결과
🔍 고전 헬라어 16058 구절 에서 22331개의 결과

– 어휘 연구 본문 검색 –

위 그림을 보면 성경 바깥의 기타 자료에서도 용례를 검색했습니다. 물론 사용자가 보유한 자료를 대상으로만 검색합니다. 용례를 찾고 비교할 때는 본문에서 멀리 떨어지지 않은, 그리고 관계가 깊은 용례를 찾아야하며 시간적으로나 상황적으로 거리가 먼 본문을 끌어와 엉뚱한 의미를 말하지 않도록 주의해야 합니다.

헬라어의 경우, 무료로 기타 고전 자료를 로고스에 설치할 수 있는데, 바로 Perseus Classics Collection을 집어넣는 것입니다. 이 자료의 가격은 무료입니다. 다만 1천 개가 넘는 자료를 포함하고 있기 때문에, 컴퓨터 사양이 떨어질 경우 속도가 느려질 수 있습니다.

https://www.logos.com/product/9940/perseus-classics-collection

– 히브리어 어휘 연구 –

히브리어 어휘 연구도 헬라어와 큰 차이가 없습니다. 구성하는 섹션도 동일합니다. 다만 히브리어는 성경 외 자료가 헬라어에 비해 다양하지 않으며, 사해 사본 자료의 용례에서 찾아볼 수 있습니다. 그리고 특정 히브리어 단어가 칠십인역에서 어떻게 옮겨졌는지 확인하여 연구하려면, 역본별 번역에서 번역 성경을 원하는 칠십인역 성경으로 바꾸어 주면 됩니다. 성경 어휘 연구는 거꾸로 영어, 한글 등 번역어 성경이 어떤 헬라어, 히브리어를 옮겼는지 연구할 수 있는데, 영어 단어를 연구하려면 사용 언어를 패널 메뉴에서 영어로 바꾸어 주어야 할 수도 있습니다. 물론 자료를 가지고 있을 경우에 라틴어도 연구 가능합니다.

신학 연구 길잡이

신학 연구 길잡이

신학 연구 길잡이는 조직 신학의 구체적인 주제를 살펴볼 수 있도록 안내하는 연구 길잡이입니다. "Lexham[25] 신학 개론"을 중심으로 구체적인 주제와 그 주제가 조직 신학 전체 중 어느 분야에 속하는지 살펴볼 수 있습니다.

Lexham 신학 개론 ⌄ | 짧은 제목

Ellis, Brannon; Ward, Mark; Parks, Jessica

Lexham 신학 개론 (LST) 은 기독교 신앙 교리를 훌륭하게 소개합니다. 이 책은 아래와 같이 구분되지만 서로 관련된 세 가지 목적으로 집필되었습니다.

1.LST 는 조직신학의 모든 주요 주제를 나열하고, 각 주제간 연관성을 보여 주는 체계를 구조화합니다.

2.LST 는 각 신학 주제마다 객관적이고, 공감되고, 경건하고, 학문적인 짧은 해설을 제공합니다. 각 해설은 교리에 대한 정의, 교리에 정통적으로 접근한 설명, 핵심 성경 구절 목록, 추천 자료 목록, 관련된 개념을 확인할 수 있는 링크 등이 포함됩니다.

3.LST 는 Logos 성경 소프트웨어의 조직신학에 직접적으로 연결됩니다. LST 는 다수의 신학자들이 주어진 신학 주제에 대해 언급한 내용의 색인 기능을 합니다. 성경 연구 시스템이 주석, 저널, 기타 성경 연구 자료를 활용했던 것과 같이 LST 도 조직신학을 활용합니다. LST 는 여러 조직신학 정보에서 적절한 논의를 찾아 볼 수 있도록 도울 것입니다.

태그 추가

조직 신학

– Lexham 신학 개론 –

---

25 Faithlife 사의 출판사 명으로 Logos 성경 소프트웨어의 자매 회사입니다. 동일 회사의 다른 계열사이기 때문에, Lexham이 붙은 자료는 로고스와 가장 연동이 잘 되어 활용이 편리하다.

❶ 입력란에 찾고자 하는 주제를 입력하여 선택합니다.

❷ 해당 주제가 어디에 속하는지 도표로 보여주며, 그에 대한 설명이 서술됩니다.

❸ 관련 성경 구절을 보여줍니다.

❹ 주제와 관련하여 더 살펴볼 읽을 거리를 표시합니다. 사용자가 소유하고 있지 않은 자료도 이곳을 통해 구매할수 있습니다.

❺ 주제와 관련된 조직 신학 자료를 표시합니다.

원문 주해

성경 프로그램은 성경 원어와 우리의 거리를 좁혀줍니다. 책을 이용한 연구보다 원어 성경 연구가 수월해진다는 뜻입니다. 성경 어휘 연구가 개별 단어의 의미를 쉽게 알 수 있도록 도와주는 도구라면, 원문 주해 길잡이는 원하는 성경 본문을 편리하게 살펴볼 수 있도록 안내합니다. 물론 모든 연구 길잡이와 로고스의 다양한 도구들의 공통적인 사항이지만, 본인이 자료를 가지고 있을 때 표시됩니다. 즉 사용자가 관심있는 분야에 대한 자료를 많이 갖출수록 연구 길잡이의 안내도 충실해집니다.

– 원문 주해 –

❶ **내 콘텐츠** : 내가 작성한 문서에서 관련 자료를 찾아 줍니다.

❷ **다양한 이문** : 본문과 관련된 본문 비평 자료를 보여줍니다.

– 다양한 이문 –

❸ 어휘별 분석 : 본문을 단어별로 하나씩 관련 정보를 보여줍니다. 모르는 단어가 많거나, 하나 하나 모든 표현을 살펴보고자 할 때 유용한 기능입니다. 살피고자 하는 단어를 클릭하면 정보를 아래 보여줍니다.

▾ 어휘별 분석
RINKRV ▾

마태복음 7:1
▾ Μὴ κρίνετε, ἵνα μὴ κριθῆτε· | RINKRV   비판을 받지 아니하려거든 비판하지 말라 | nkrv

  ▸ Μὴ
  ▾ κρίνετε *krinete*   **비판을** 받지 아니하려거든
    🔾 κρίνω ◄) *krinō* 판단하다, 비판하다, 판결내리다
    verb, present, active, imperative, second person, plural | finite verb
    의미: 평가하다 – to form a critical opinion of something (either positive or negative) by examination or scrutiny.
      BDAG   select, prefer; judge, pass judgment upon, express…
      LSJ   separate, put asunder, distinguish

– 어휘별 분석 –

❹ 문법적 구조 : 본문에 나오는 구문론상 중요한 내용을 표시합니다. 단순한 어휘 영역을 넘어서, 구와 절에 관한 구문론을 표시하므로 주해를 위해 중요한 구문론 정보를 제공합니다.

▾ 문법적 구조   ✕

1st Class Condition 1개의 결과
마 7:11 너희가 악한 자라도 좋은 것으로 자식에게 줄 줄 알거든 하물며 하늘에 계신 너희 아버지께서 구하는 자에게 좋은 것으로 주시지 않겠느냐…
🔍 1st Class Condition 검색

3rd Class Condition 1개의 결과
마 7:12 않겠느냐 12 그러므로 무엇이든지 남에게 대접을 받고자 하는 대로 너희도 남을 대접하라 이것이 율법이요…
🔍 3rd Class Condition 검색

– 문법적 구조 –

❺ 중요한 어휘 : 본문에 나오는 연구가 필요한 중요한 어휘를 나열합니다. 문맥의 용례와 자료별 원형 검색에 대한 링크를 표시합니다.

▾ 중요한 어휘

  ▸ 🔾 αἰτέω *aiteō* ◄) 구하다, 요청하다, 묻다
  ▸ 🔾 κρίνω *krinō* ◄) 판단하다, 비판하다, 판결내리다
  ▸ 🔾 κρούω *krouō* ◄) 두드리다, 문두드리다

– 중요한 어휘 –

❻ 자료별 원형 검색 : 성경 어휘 연구 길잡이 항목을 확인하세요.

❼ 중요한 구절 : 보다 더 정확히 말하자면, 지금 보고 있는 성경 구절과 관련 있는 구절입니다. 무엇인가 공통적인 부분이 있는 구절을 찾아 표시하는 도구입니다. 순위, 종류 순으로 표시할 수 있습니다.

▼ 중요한 구절

References of 모든 유형 까지 all passages   순위 순   유형 순

눅 6:31   남에게 대접을 받고자 하는 대로 너희도 남을 대접하라
    ● 잠언   ● 황금률

마 5:17   내가 율법이나 선지자를 폐하러 온 줄로 생각하지 말라 폐하러 온 것이 아니요 완전하게 하려 함이라
    ⟨⟩ 공통된 비유 언어   🎁 성경   ● 법

막 4:24   또 이르시되 너희가 무엇을 듣는가 스스로 삼가라 너희의 헤아리는 그 헤아림으로 너희가 헤아림을 받을 것이며 더 받으리니
    ● 잠언   ⟨⟩ 공통된 비유 언어   ⊗ 양 (양)
    ⊗ to measure out   ◖ μετρέω

– 중요한 구절 순위 순 –

❽ 고대 문학 : 사해 문헌, 필로, 요세푸스, 교부 문헌 등 성경과 동시대 혹은 가까운 시대에 유사한 구절이나 인용한 구절을 표시합니다.

❾ 주석 : 해당 본문에 대한 성경 주석을 보여줍니다. 보여주는 주석의 순서는 자료의 우선 순위 자료에서 설정합니다.

▼ 중요한 구절

References of 모든 유형 까지 all passages   순위 순   유형 순

▸ 공통된 명령
▸ 공통된 문화적 개념
▸ 공통된 비유
▸ 공통된 비유 언어
▸ 공통된 설교 테마
▸ 공통된 어휘
▸ 공통된 인물/장소/사물
▸ 공통된 주제
▸ 병행 구절
▸ 어휘
▸ 유사한 질문
▸ 잠언
▸ 주석

성구 목록으로 저장   성경전서 개역개정판 (New Korean Revised Version)에서

– 중요한 구절 유형 순 –

❿ 학술지 : 학술지 혹은 정기 간행물에서 본문을 다룬 논문이 있다면, 그 부분을 표시합니다.

⑪ 문법 : 분야별로 본문에 나오는 중요한 문법 사항을 표시합니다. 본문을 읽으며 이러한 부분을 계속 익히면, 정확한 본문 주해 실력이 빠르게 길러집니다.

> 문법

주제별 | 자료별

▾ Exegesis
  Greek
    Difficult Verbs: λέγω, αἴρω An Introduction to the Study of New Testament…
    1-3, 4] λέγω ἐρῶ εἶπον εἴρηκα εἴρημαι ἐρρέθην Mt 1:20 Mt 7:4 Mt 2:8 Mt 26:75 Lk 2:24 Mt 5:21 ἐρρήθην Mt…
▸ Phonology
▸ Morphology
▸ Syntax
▸ Discourse
🔍 검색 모든 문법

– 원문 주해 문법 –

⑫ 시각화 자료 : 본문을 도해하여 일목요연하게 보여줍니다. 로고스에는 수십 종 이상의 시각화 자료가 있습니다. 필요에 따라 자료를 보유하면 이곳에서 본문에 대한 도표나 정리를 손쉽게 접근하여 사용할 수 있습니다.

> 시각화 자료

The Lexham Clausal Outlines of the Greek New Testament
The Lexham High Definition New Testament: ESV Edition
The Lexham Discourse Greek New Testament
The Lexham Syntactic Greek New Testament
The Lexham Syntactic Greek New Testament: Sentence Analysis

– 시각화 자료 –

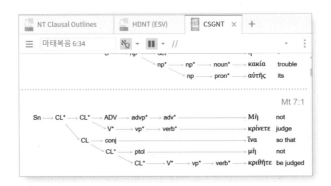

– 시각화 자료: Cascadia Syntax Graphs of the New Testament –

성경 주제 연구

말씀을 연구할 때 본문이 아직 정해지지 않았지만, 주제가 먼저 정해지고 그 후 성경과 기타 신학적인 내용을 살펴야 할 때도 있습니다. 설교도 본문이 먼저 정해지거나, 상황에 따라 주제 설교를 해야 하는 경우도 많지요. 그래서 로고스에서 제공하는 주제 연구 길잡이는 이럴 때 도움이 됩니다. 아래 영역 구분은 내용 파악을 위해 표시한 것이고, 로고스 자체 구분은 아닙니다.

❶ **주제** : 해당 주제를 각 사전에서 정리하여 표시합니다. 관련 주제와 해당 주제로 설교를 준비할 때 도움을 주는 링크도 함께 나타납니다.

❷ **성경 관련 영역** : 관련 성경 구절이나, 관련 여러 항목을 표시합니다.

❸ **설교 영역** : 주제에 대한 설교 목록을 제시하고, 주제 설교를 할 때 도움을 주는 정보를 표시합니다.

❹ **기타** : 주제에 대한 미디어 자료를 비롯하여 다양한 정보를 찾도록 돕는 기능입니다.

성경 주제 연구 | 사랑

성경 주제 연구 | 사랑 ✕ ＋

사랑 ⟳ 추가 ▾

▾ 주제

Charity The Anchor Yale Bible Dictionary .
   CHARITY. See LOVE (NT AND EARLY JEWISH LITERATURE).

Love The Anchor Yale Bible Dictionary
Love Baker Encyclopedia of the Bible
Charitably The International Standard Bible Encyclopedia, Revised
Charity The International Standard Bible Encyclopedia, Revised
Love The International Standard Bible Encyclopedia, Revised ❶
더 보기 »
🔖 성경백과 | 사랑, 형제의 사랑, 성령의 열매
📖 설교 준비 길잡이 | 구애, 데이트, 사랑하는 관계., 사랑
✖ 성경 어휘 사전 | to love (Christian), to love (enjoy), 극진히 사랑받는 (사람), 사랑 (기독교), 사랑 (매력), 사랑 (애정), 사랑 (우정), 사랑을 하다, 사랑하다 (걱정), 사랑하다 (좋아함), 성관계, 애장품, 친절 (행위), 형제의 사랑
📖 성경 주제 연구 | 형제의 사랑, 성령의 열매
🔍 사랑, 너그럽게, "사랑의 노래", 자선 검색

＋ 메모 추가

▸ 관련된 구절

▾ 성서지도 결과 없음

▸ 성경 속 장소 결과 없음

▸ 성경 속 인물 결과 없음 ❷

▸ 성경 속 사건

▸ 성경 속 사물 결과 없음

▸ 설교

▸ 설교 개요 결과 없음 ❸

▸ FAITHLIFE SERMONS

▸ 예화 결과 없음

▸ 학술지

▸ 개인 서신 결과 없음

▸ 인터랙티브

▸ 미디어 자료 ❹

▸ 미디어 컬렉션 결과 없음

▸ 서점 20개의 결과

▾ LIGHTSTOCK.COM 결과 없음

▾ TOPICS.LOGOS.COM

사랑 *에 대한 읽기 목록*

＋ 메모 추가

− 성경 주제 연구 −

패키지에 따라, 또는 업데이트에 따라 연구 길잡이는 더 추가될 수 있으며, 원하는 섹션을 모아 사용자 연구 길잡이를 새로 만들 수도 있습니다. 연구 길잡이를 이용하면 로고스를 능숙하게 다룰 줄 몰라도 전문적인 연구를 수행할 수 있습니다. 그리고 자료를 따로 찾아보는 것보다 훨씬 효과적입니다.아직 프로그램을 다루는데 서투르지만, 바로 로고스를 연구에 사용하고 싶다면 먼저 연구 길잡이와 친해 지시기 바랍니다.

11

연구 과정
길잡이

성경 연구 프로그램을 능숙하게 다루는 사람은 생각보다 많지 않습니다. 컴퓨터를 썩 잘 다루는 사용자도 의외로 성경 프로그램 활용은 어려워하는 경우를 많이 봅니다. 이미지를 다루는 그래픽 편집 프로그램을 잘 사용하려면, 컴퓨터를 좋아하고 잘 다루는 것도 중요하겠지만, 미술 감각과 체계적인 지식이 있어야 하는 것처럼, 로고스도 마찬가지입니다. 신학 연구 방법론을 전혀 모르는 이가, 아무리 훌륭한 기능과 풍부한 자료가 있다하여도 로고스를 사용해서 수준 높은 연구를 하는 것은 불가능합니다.

그러한 면에서 로고스 8에서 추가된 "연구 과정 길잡이"는 획기적인 도구라 하겠습니다. 자세히 안내대로 따라가면, 강해 설교나 기타 신학 연구를 수행할 수 있기 때문입니다. 장점이자 단점은 '너무' 친절하다는 점입니다. 연구 길잡이가 방법론을 아는 사용자에게 효율성을 부여하는 도구라면 연구 과정 길잡이는 연구하는 자세히 방법까지 알려 주는 도구입니다.

연구 길잡이와 연구 과정 길잡이 구분

연구 길잡이를 열면 사용자가 조금 당황할 수 있는 메뉴가 보입니다. 두 개의 메뉴가 동일하게 **"성경 주제 연구"**라는 이름을 가지고 있기 때문입니다. 물론 이 부분은 차후에 번역이 개선되어 구분될 수도 있겠지만, 그 전에도 메뉴 아이콘으로 구분할 수 있습니다. 안에 "주제"를 표시하는

말풍선 모양이 들어있는 것은 동일하지만, 연구 길잡이에는 육각형 테두리가 있고 연구 과정 길잡이에는 과정을 표시하는 의미로 오른쪽으로 진행하는 오각형 테두리가 있습니다. 위 메뉴에서 보면, 육각형 테두리가 있는 성경 본문 연구에서 성경 주제 연구까지 다섯 개 메뉴는 연구 길잡이이고, 오른쪽의 세 메뉴는 오각형 테두리가 있으므로 연구 과정 길잡이입니다.

연구 과정 길잡이 예시

그러면 연구 과정 길잡이 중에서 성경 주제 연구를 실행하여 연구 과정에 대한 안내가 어떻게 이루어지는 지 살펴보겠습니다. 성경 주제 연구를 실행하면 처음 화면은 아래와 같습니다. 연구 과정 길잡이는 늘 매우 자세한 안내가 그 특징입니다.

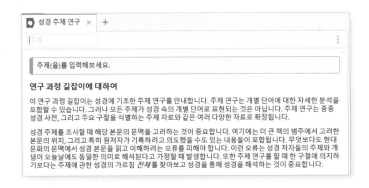

– 성경 주제 연구 –

흐릿한 글씨로 "주제"라고 기록된 입력란에 원하는 주제를 입력하면 해당 주제 연구를 진행할 수 있습니다. 입력하면 아래와 같이 나열되는 주제 가운데 선택하여 더 정밀한 연구가 가능합니다. 주제는 주제 이름 중에 입력한 단어가 포함된 모든 항목을 검색하여 표시합니다.

– 연구 주제 선택 –

특정 주제를 선택하면 다음과 같이 그 다음 진행과 안내가 나열됩니다. 각 항목은 확인하거나
필요한 내용을 입력하면 순서대로 연구 과정이 진행됩니다.

– 성경 주제 연구: 사랑 –

관련 정보를 제공하면서 연구 과정을 안내해 주기 때문에, 방법론에 익숙하지 않은 사용자도 전문적인 연구를 수행할 수 있습니다.

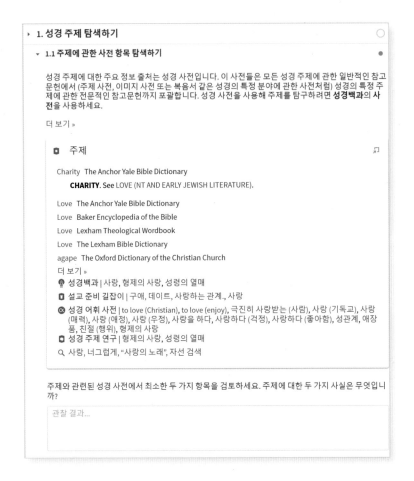

– 연구 과정 길잡이 진행 –

연구 과정 길잡이의 진행은 어떤 연구를 하는지에 따라 안내하는 내용이 달라집니다.

왼쪽 창:

귀납적 성경 연구 | 요한복음 3:16

요한복음 3:16 · 방금 시작함

▼ 1. 관찰

귀납적 성경 연구의 관찰 단계는 본문을 자세히 읽고 본문의 기본 내용을 확실히 이해하는 것을 포함합니다. 관찰하면서 여러분은 누가, 무엇을, 언제, 어디서, 왜 그리고 어떻게 같은 기본적인 질문을 던집니다. 연구 길잡이들 또는 스터디바이블이나 주석 같이 도움이 될 만한 여러 참고자료를 보기 전에 여러분 스스로 본문을 깊이 들여다보는 것이 매우 중요합니다. 본문을 스스로 관찰하면서 질문을 던지면 여러 자료에서 제공하는 해석 옵션을 탐색하는 데 도움이 됩니다. 또한 세부 내용을 주의 깊게 살펴보기 전에 본문 전체를 충분히 읽는 것도 중요합니다.

더 보기 »

건너뛰기   계속

- 1.1 성경 본문 여러 번 읽기
- 1.2 다양한 성경 번역본 읽기
- 1.3 성경 본문 범위 설정하기
- 1.4 인물 확인하기
- 1.5 중요한 단어 식별하기

▸ 2. 해석
- 2.1 책의 문맥 검토하기
- 2.2 본문의 문학 유형 검토하기
- 2.3 문화적 문맥 살펴보기
- 2.4 역사적 문맥 살펴보기
- 2.5 성경 관주 확인하기
- 2.6 중요한 어휘 조사
- 2.7 주석상의 중요 단어 평가하기
- 2.8 주석 내용 살펴보기
- 2.9 본문 요약하기

▸ 3. 적용
- 3.1 본문의 신학 원리 정하기
- 3.2 본문의 기본 적용 설정하기
- 3.3 통찰 공유하기

오른쪽 창:

본문 주해 | 요한복음 3:16

요한복음 3:16 · 방금 시작함

▼ 1. 성경 본문 익히기

성경 본문에 익숙해지기 위해 선호하는 성경으로 해당 본문을 여러 번 읽습니다. 그 다음, 다양한 본문 해석을 경험하기 위해, 다른 성경 번역본을 읽으세요.

더 보기 »

건너뛰기   계속

- 1.1 성경 본문 여러 번 읽기
- 1.2 다양한 성경 번역본 읽기

▸ 2. 문맥 분석하기
- 2.1 성경 본문 범위 설정하기
- 2.2 문화적 문맥 살펴보기
- 2.3 역사적 문맥 살펴보기

▸ 3. 문학 유형 파악하기
- 3.1 본문 장르 정하기
- 3.2 문학 유형 살펴보기
- 3.3 비유 언어 살펴보기

▸ 4. 인물 및 기타 존재 확인하기
- 4.1 인물 확인하기
- 4.2 초자연적 존재 살펴보기

▸ 5. 본문 속 사건 파악하기
- 5.1 본문 속 사건 확인하기

▸ 6. 중요 단어 확인 및 조사하기

▸ 7. 중요 관주 확인하기
- 7.1 성경 관주 확인하기

▸ 8. 본문에서 배운 점 요약하기
- 8.1 본문 요약하기
- 8.2 주해 개요 작성하기

▸ 9. 주석 찾아보기
- 9.1 주석 내용 살펴보기
- 9.2 주석상의 중요 단어 평가하기

▸ 10. 본문의 적용 결정하기
- 10.1 본문 요약 재검토하기
- 10.2 주해 개요 재검토하기
- 10.3 본문의 신학 원리 정하기
- 10.4 본문의 기본 적용 설정하기

▸ 11. 본문에 대한 통찰 공유하기
- 11.1 통찰 공유하기
- 11.2 성경 인용 공유하기

홈페이지에 표시

한 가지 주제를 연구하는 과정이 늘 앉은 자리에서 끝나지는 않을 것입니다. 그래서 연구 과정은 홈페이지의 대시보드에 진행 중일 때 표시됩니다. 어떤 내용의 연구를 진행하고 있고, 진행률은 어느 정도인지 일목요연하게 보여줍니다.

– 대시보드에 표시된 연구 과정 길잡이 –

홈페이지의 대시보드는 연구 과정 외에도 추후에 살펴볼 독서 계획표, 기도 제목 등 과정이 있거나 날짜와 관련이 깊은 내용을 정리해 보여주어 체계적인 관리가 가능하도록 도와줍니다.

연구 과정 길잡이는 위에서 소개한 길잡이 외에도 매우 다양합니다. 영문 패키지에는 훨씬 다양한 길잡이를 제공하며, 사용자가 원하는 내용으로 연구 길잡이를 만들 수도 있습니다.

실제로 연구 과정 길잡이를 사용하여 이 안내 내용 그대로 따라 하면, 시간이 많이 소요됩니다. 매우 중요한 주제의 연구나, 방법론까지 자세히 배우며 연구할 때는 연구 과정 길잡이의 내용을 그대로 따르되, 시간이 촉박하거나 나름 대로의 연구 방법론이 있는 사용자는 대략적으로 참고해서 길잡이를 사용하거나, 자신에게 알맞은 길잡이를 만들어 사용하는 것도 유용합니다. 다음 단원에서는 이렇게 새로운 연구 길잡이를 만들고 수정, 공유하는 방법을 살펴봅니다.

연구 과정 길잡이
- Basic Bible Study
- Biblical Person Study
- Biblical Place Study
- Biblical Topic Study
- Devotional
- Expository Sermon Preparation
- Inductive Bible Study
- Lectio Divina
- Passage Exegesis
- Praying Scripture
- Word Study (Original Language)
- 강해 설교 준비
- 귀납적 성경 연구
- 렉시오 디비나
- 묵상
- 본문 주해
- 성경 속 인물
- 성경 속 장소
- 성경 주제 연구
- 어휘 연구 (원어)

– 이중언어 플래티넘의 연구 과정 길잡이 종류 –

12

사용자
길잡이

사용자 길잡이란 연구 길잡이나 연구 과정 길잡이를 사용자에게 맞게 수정하거나 새로 생성한 길잡이(Guide)를 말합니다. 로고스에서는 자체적으로 제공하는 길잡이 외에 사용자의 용도에 맞게 각 연구 길잡이를 설정할 수 있으며, 이런 연구 길잡이를 다른 사용자와 공유할 수도 있습니다.

메뉴에서 연구 길잡이를 실행하면 아래에 다음과 같은 항목이 있습니다. 왼쪽에서는 다른 사용자가 공유한 연구 길잡이, 연구 과정 길잡이를 검색하며, 오른쪽에서는 사용자가 원하는 새로운 길잡이를 생성합니다.

다른 사용자가 공유한 문서 확인: 연구 길잡이 연구 과정 길잡이   새 길잡이 ▾

– 연구 길잡이 공유와 생성 –

제한된 그룹에서 검색하고 사용하는 것은 조금 더 설명이 필요하지만 위 메뉴에서 연구 길잡이를 선택하면 아래와 같이 다른 사용자가 공유한 연구 길잡이(Guide Template)을 보여줍니다.

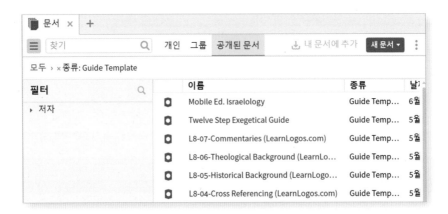

– 공개된 연구 길잡이 검색 –

동일한 방법으로 연구 과정 길잡이(Workflow Template)를 검색해서 찾아볼 수도 있습니다.

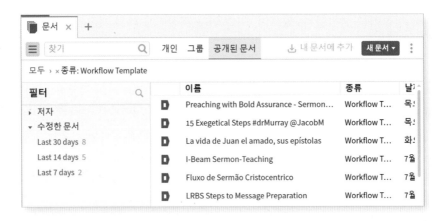

– 연구 과정 길잡이 검색 –

다른 사용자가 생성한 연구 길잡이를 찾아보는 것도 좋지만, 자신의 연구 방식에 딱 알맞은 길잡이를 생성하려면 **"새 길잡이"**를 클릭하여 생성합니다. 새 길잡이를 누르면 연구 길잡이와 연구 과정 길잡이 중에 선택하여 생성할 수 있습니다.

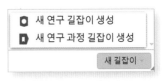

– 새 길잡이 선택 생성 –

새 연구 길잡이

먼저 연구 길잡이 생성을 알아봅시다. **새 연구 길잡이 생성**을 선택하면, 아래와 같이 연구 길잡이 에디터가 나옵니다. 여기에서 자신이 원하는 길잡이를 편집합니다.

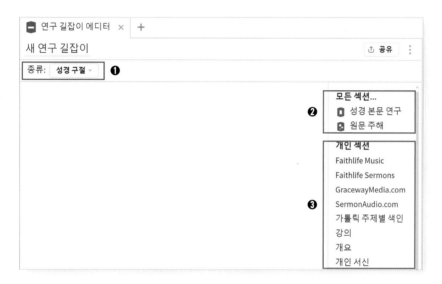

– 연구 길잡이 에디터 –

❶ **성경 구절**을 누르면, 생성할 연구 길잡이의 종류를 선택합니다.

❷ 이미 만들어진 연구 길잡이에서 모든 섹션을 불러와 편집합니다. 연구 길잡이는 서로 동일한 섹션을 사용할 수도 있고, 전체 구조가 크게 달라지지 않기 때문에 보다 수월하게 편집할 수 있는 기능입니다.

– 생성 연구 길잡이 종류 선택 –

❸ 각각의 개별 섹션 중에서 어느 것을 불러와서 편집할 지 정해 줍니다. 아래 그림에서 볼 수 있듯이 기존 연구 길잡이의 섹션을 불러오거나 개별 섹션을 추가할 때에 보다 상세한 설정이

가능합니다. 예를 들어 아래에서 어휘별 분석 설정을 보면 어휘 분석을 모든 어휘를 대상으로 하지 않고 본문에서 30회 이하 나오는 원형만 표시하도록 설정할 수 있습니다.

– 사용자 생성 연구 길잡이 편집 –

사용자가 생성한 길잡이는 아래와 같이 연구 길잡이 하위 항목, **사용자 지정 길잡이**에 표시됩니다. 편집할 때, 입력한 "**길라잡이 주해**"라는 길잡이 이름이 ❶에 보입니다. ❷에는 그 외에 여러 연구 길잡이가 보이는데 어떤 주제로 모인 길잡이의 모음이 아니라, 많이 사용하는 길잡이 섹션을 별도로 실행하는 도구입니다.

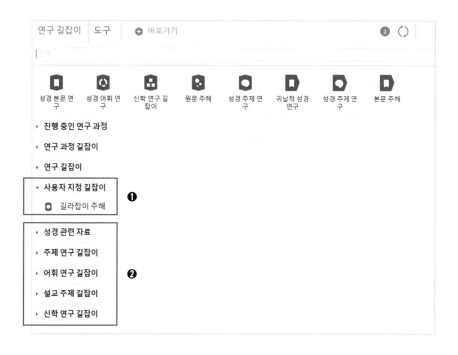

– 사용자 지정 길잡이–

새 연구 과정 길잡이

새로 연구 과정 길잡이를 생성할 때도 **새 길잡이**에서 만듭니다. 먼저 생성할 연구 과정 길잡이의 제목을 정하고, 다음 종류를 선택합니다. 길잡이의 종류는 선택한 후에 편집 과정에서 다시 바꿀 수는 없습니다.

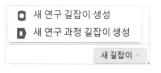

– 새 길잡이 선택 생성 –

– 연구 과정 길잡이 편집 ① –

단계별로 편집기를 이용하여 연구 과정에 대한 안내를 작성하면 연구 과정 길잡이가 완성됩니다.

– 연구 과정 길잡이 편집 ②–

연구 길잡이를 생성하면 사용자 지정 길잡이에 기록이 되었듯이, 연구 과정 길잡이를 생성하면 연구 길잡이 하위의 사용자 지정 연구 과정에서 다시 찾을 수 있습니다.

– 생성된 사용자 지정 연구 과정–

연구 길잡이는 사용자에게 필요한 정보를 따로 찾아보지 않아도 한 눈에 들어오도록 제공해 주는 매우 편리한 도구입니다. 게다가 그 연구 길잡이를 사용자의 필요에 꼭 맞게 만들어 놓으면 힘들고 어려웠던 연구가 훨씬 수월해집니다.

Logos

PART 05
검색

성경 연구 프로그램은 그 기능이 매우 다양합니다. 그러나 무엇보다 검색이 핵심이며 뼈대 역할을 하는 것은 부인할 수 없습니다. 특히 로고스는 그 검색 기능이 상상하기 어려울 정도로 다양하면서도 강력합니다. 이러한 기능은 사용자의 연구시간을 줄여주고, 기존과 전혀 다른 새로운 연구가 가능하도록 도와줍니다. 다양한 검색 방법을 익히고 또한 능숙하게 연구에 적용하려면 조금 번거로워도 그 원리에 대해서 살펴 보아야 합니다.

검색의 원리

검색은 자신이 원하는 자료, 혹은 자료의 위치를 찾아가는 과정입니다. 원하는 목표로 점점 좁혀 가는 과정이라는 이야기입니다. 로고스에서는 매우 다양한 도구에서 검색을 사용하는데, 이 검색은 원하는 자료로 초점을 맞추는 과정이라 할 수 있습니다.

원리 1 **원하는 자료로 초점을 맞춘다! (필터링)**

모두 › ×한국어 › ×검색: 사랑 (27 결과)

– 미디어 도구의 자료 검색 –

예를 들어 미디어 도구에서 한국어로 된, 사랑과 관련된 자료를 찾아보는 과정도 전체 미디어 중에, 한국어 자료, 그 중에 사랑과 관련된 자료로 점점 좁혀 나가는 것입니다. 또 다른 경우를 알아봅시다.

시작 › ×인물: 예수 › ×장소: 베다니 (올리브산 위) › ×언어행위: Informative (281 개의 결과)

– 성경 탐색기 조건 필터링 –

위 그림을 보면 성경에서 예수님이 나오시며(조건1), 베다니(조건2)에서, 정보를 알리는 언어 행위를 한 경우(조건3)를 찾는 검색임을 알 수 있습니다. 이와 같이 **검색이란 조건에 따라 계속 좁혀가는 것**임을 먼저 기억합시다.

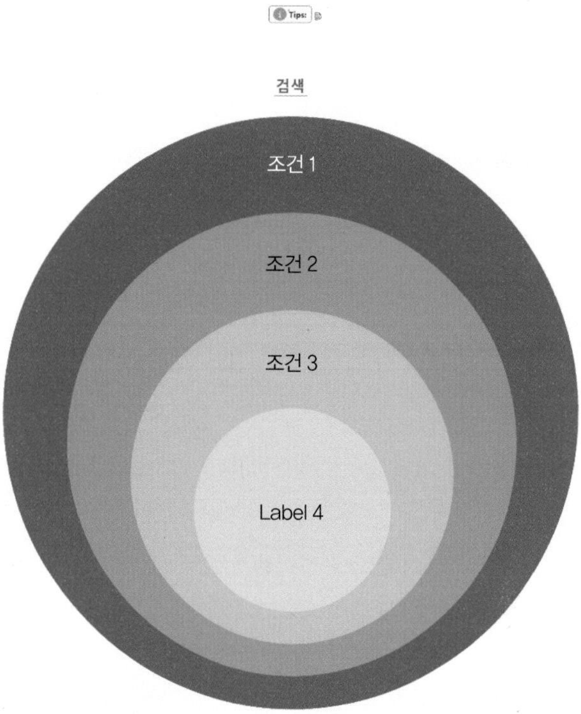

조금 더 복잡한 경우를 살펴봅시다. 성경 시편에 사용된 히브리어 동사, 히트파엘 형태 중, 가장 많이 사용되는 단어를 찾는다고 가정해 봅시다. 위 그림에 비추어 보았을 때, 조건은 다음과 같습니다.

검색
조건 1
조건 2
조건 3
Label 4

조건 1 : 성경 범위는 시편

조건 2 : 히브리어 동사

조건 3 : 히트파엘

조건 4 : 빈도수가 가장 많은 경우

즉 조건 1, 2, 3, 4를 어떻게 자료를 선택하고 설정하고 검색식을 구성하는지 알면 원하는 부분을 불러올 수 있습니다. 어느 순서로 조건을 구성하고 프로그램에 그 조건을 명령하는 방법(검색식 구성)을 익히면 자신이 원하는 자료를 찾을 수 있습니다.

원리 2 검색은 집합의 연산이다! 복잡한 검색을 위해서 '집합' 개념을 생각하자!

그런데, 이것만으로는 검색의 복잡한 양상을 이해하기 어렵습니다. 검색의 과정이 복잡해서 단순히 대상을 좁혀 가는 것으로 이해하기 어려운 경우가 있기 때문입니다. 그래서 집합 개념이 필요하고, 검색식 구성이 집합의 연산 과정과 같음을 이해하여야 합니다.

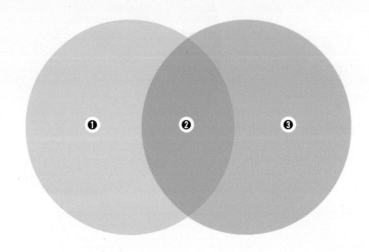

❶을 단어 (A)가 나오는 경우, ❸을 단어 (B)가 나오는 경우로 가정하면 ❷는 단어 (A)와 단어 (B)가 함께 나오는 경우입니다. 그런데 함께 나오는 교집합만이 아니라, ❶ 중에 ❷를 제외한 즉 단어 (A)만 나오고 (B)는 나오지 않는 경우를 검색할 수 있습니다.

그런데 이게 조건이 여럿이 되면, 단순한 검색식으로는 구성하기가 어렵기 때문에 집합 연산이라는 검색 원리를 알고 있어야 실수를 줄일 수 있습니다. 물론 대부분의 사용자는 조건 하나를 입력하고 찾는데 만족할 수도 있겠지요.

검색은 경계의 원리와 같다!

여기서 경계란 보초서는 것을 말합니다. 원하는 내용을 찾는 과정을 침투하는 적을 발견하는 보초서기에 비유해 보았습니다. 이 내용은 정확히 말하자면 검색의 "해석"이라고 볼 수 있겠습니다. 검색의 결과 여러 구절이나 자료의 일부분이 나열되더라도 모두가 똑같은 중요성을 가지지는 않습니다. 보다 정확히 말하면, 원리3은 검색할 때 주의할 점입니다.

> **경계의 원리** : 가까운 곳에서 먼 곳으로 의심나는 곳은 다시 한 번
> **검색의 원리** : 가까운 문맥에서 먼 문맥으로 주제와 상황이 연결되는 곳은 다시 한 번

자, 그러면 이제 본격적인 검색의 세계에 들어가 봅시다.

마우스 검색(상황 메뉴 검색)[26]

앞에서도 간단히 몇 차례 살펴보았듯이 자료를 읽는 중에 큰 부담없이 마우스 클릭을 이용하여 연관 자료를 쉽게 접근할 수 있습니다. 여기에서도 명령을 내리고, 그에 대해 프로그램이 표시하는 정보를 확인하는 '소통의 과정'의 중요성에 대해 꼭 기억합시다. 이렇게 마우스를 이용한 상황 검색은 성경에서만 이루어지는 것이 아니라, 어떤 자료에서나 찾을 수 있습니다. 다만 일반적으로 성경 본문에 붙어 있는 태그 정보가 일반 자료보다 훨씬 많기 때문에 성경 검색에서 비교적 여러 가지 검색이 가능합니다.

---

26 상황 메뉴 검색에 대해서는 7. 성경 읽으며 바로 연구하기에서도 다루었다.

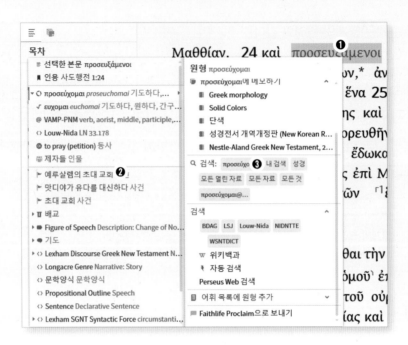

– 헬라어 본문 마우스 검색 –

마우스로 검색하는 원리는 다음과 같습니다.

❶ 본문에서 원하는 부분에서 **오른쪽 마우스**를 클릭합니다.

❷ **선택할 정보**를 정한다. 이 부분에서 선택 부분 확인이 중요합니다. 컴퓨터는 아직 우리 마음 속까지 읽어주지는 못합니다. 물론 기본적으로 본문상 해당 부분을 선택해 주지만, 정확히 원하는 정보를 선택했는지 꼭 확인합시다.

❸ 선택 정보를 가지고 **어떤 작업을 할 것인지** 정한다. 아래의 히브리어 본문 마우스 검색도 원리는 다를 바가 없습니다.

– 히브리어 본문 마우스 검색 –

로고스를 사용할 때 자료나 정보의 종류를 표시하는 아이콘을 익혀 두면 편리합니다. 고리 모양의 윈그래프는 동사 원형을 뜻해서 어휘 연구에 많이 나오고, @는 문법 사항과 관련 있습니다. 그 외에도 다양한 표시가 있으니 표시될 때마다 유심히 살펴 봅시다.

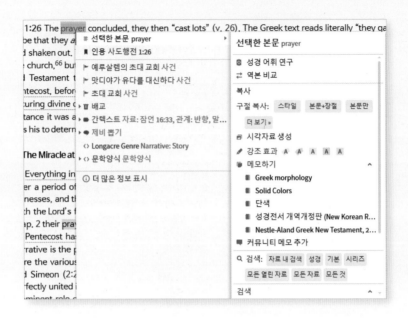

– 영문 자료 마우스 검색 –

자료에 따라 선택할 수 있는 정보가 달라질 뿐 검색 방법은 크게 다르지 않습니다. 자료에 따라서는 아무런 태그가 붙어있지 않는 경우에는 상황 메뉴에 나오기도 하고, 많이 사용하는 성경에는 여러 태그가 많이 첨부되어 있어서, 원어 정보와 각종 장르, 표현에 관한 정보까지 포함한 태그가 수십 종 이상이 되기도 합니다.

– Lexham Hebrew Bible의 마우스를 이용한 검색 –

그러므로 마우스를 이용한 검색에서는 자료가 가지고 있는 정보, 또 거꾸로 원하는 정보를 가지고 있는 자료가 무엇인지 잘 파악해야 합니다. 모든 자료가 모든 정보를 가지고 있지는 않습니다. 또한 마우스를 이용해 실행할 수 있는 검색도 여러 종류가 있습니다. 예를 들어 위 그림의 검색 중에서 **자료 내 검색**은 현재 자료 안에서 찾아 결과를 보여주며, **성경**은 별도로 검색창을 열어 찾아봅니다. 그 외에 여러 자료를 한꺼번에 검색할 수도 있습니다.

13

검색창
이용 검색

검색창은 명령 입력란 옆의 확대경을 눌러 실행합니다.

| Q 명령어 | 검색 |

로고스가 제공하는 검색창을 이용한 검색은 총 여섯 종류가 있습니다.

성경 : 성경을 검색합니다. 사용자는 일반적으로 무엇

보다 성경을 많이 찾습니다. 여러 역본을 비교하거나

일부 범위로 한정해 찾고, 통계 그래프를 그리는 등 성

경을 효율적으로 검색하기 위한 여러 기능이 있습니다.

기본 : 성경에 한정하지 않고 로고스에 사용자가 가지고 있는 모든 자료를 한꺼번에 검색합니다. 가장 많은 자료를 다룹니다.

미디어 : 그림이나 동영상, 음악 등 미디어 자료만 대상으로 검색합니다. 미디어의 종류를 보다 정교하게 선택합니다.

조건 : 문장의 구성 요소로 주어나 목적어 등 조건을 검색합니다. 문법 분해가 아니라 문장에서 어떤 역할을 하는지 검색하는 도구입니다.

문법 : 헬라어나 히브리어 등, 성경 원어 본문을 문법 사항으로 찾는 기능입니다. 문법 태그를 이용하여 검색합니다.

구문 : 단순한 문법에 더하여 구문적인 사항을 검색할 수 있습니다. 구문론 자료를 통해 검색식을 구성하며 검색식은 문자가 아닌 도표로 구성됩니다. 작성한 검색을 공유할 수도 있습니다.

검색 도우미

특별히 로고스 8에는 사용자의 검색을 돕는 검색 도우미가 추가되었습니다. 각 검색 종류에 따라 약간 선택할 수 있는 항목이 달라지며, 구문 검색 등 정밀하고 복잡한 검색에서는 도우미가 실행되지 않는 경우도 있습니다.

과거에는 항상 검색식을 구성해서 검색을 해야 했기때문에 대부분의 사용자가 매우 간단한 검색밖에 할 수 없었지만, 이제 검색 도우미를 이용하면 어렵지 않게 전문적으로 찾을 수 있습니다. 검색 도우미를 실행하고 안내를 따라가면 그에 맞는 검색식이 구성되어 검색을 수행합니다. 또한 검색 도우미가 작성하는 검색식을 참고하면 훨씬 더 신속하게 검색식 구성 방법을 배울 수 있습니다.

– 검색 도우미 열고 닫기 –

검색 도우미는 검색 종류가 나열된 왼쪽 메뉴 아이콘을 눌러 실행합니다. 아래는 검색 도우미에서 표시되는 기본 항목입니다. 여섯 종류의 검색 중에서 기본, 성경, 미디어, 문법에 기본 항목이 모두 표시됩니다.[27]

---

27 "조건" 검색에서 기본 검색에서 수행할 수 있는 검색이 불가능한 것은 아니지만, 조건 검색에서는 검색 도우미로 안내하지 않는다는 의미다. 조건, 구문 검색은 그 외에 다룰 내용이 많으므로 검색 도우미가 기초적인 내용을 제공하지 않는다.

아래 열거되는 항목 중에서 **두 단어 모드: 가와 나**를 선택하여 검색하는 과정을 살펴보겠습니다.

두 단어 모드 : 가와 나를 선택하여 실행하면 아래와 같은 상자가 표시됩니다. 단어를 입력하거나 "하나님의 아들"과 같이 어구를 큰 따옴표로 묶어서 입력합니다.

– 검색 도우미 기본 항목 –

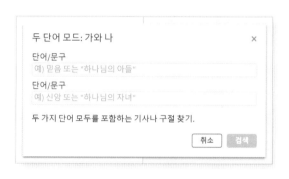

– 기본 항목 검색 –

각 항목에 "예수"와 "하나님의 아들"이라고 입력하면, 아래에 검색식을 구성합니다. 검색 도우미는 이와 같이 명령 입력란에 사용자가 검색식을 구성하여 입력하는 것을 돕는 도구입니다.

– 검색 도우미 사용 예시 –

검색을 실행하면 다음과 같이 표시됩니다. 아래는 성경 검색에서 격자무늬 선택에서 보이는 화면입니다. ❶ 명령 입력란에 검색식이 표시되고, ❷ 결과가 표시됩니다.

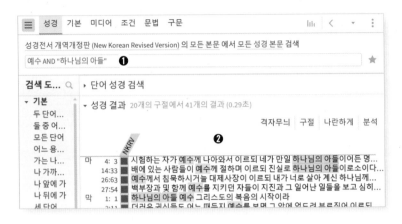

– 검색 도우미 검색 결과 –

다른 컴퓨터 활용에서도 초보자가 활용하기에 마우스를 이용한 명령이 편리하지만, 익숙해지면 단축키나 키 입력이 훨씬 빠릅니다. 검색도, 방법을 잘 모르거나 정확한 검색식이 생각나지 않을 때는 도우미를 활용하여도, 검색 기호를 익히도록 합시다. 검색 기호와 검색식에 익숙하면 훨씬 빠르고 정밀한 작업이 가능합니다. 잘 기억나지 않을 때는 다시 검색 도우미를 활용하면 도움을 얻을 수 있으니 걱정할 필요가 없습니다.

검색 자료 설정

로고스는 단일 자료가 아니라 여러 자료를 함께 찾을 수 있으며, 자신이 원하는 자료만 대상으로 검색할 수 있습니다. 기본 검색은 자신이 가지고 있는 모든 자료를 대상으로 찾을 수 있지만, 그 중 원하는 자료만 선택하여 검색하기도 합니다. 즉 어떤 자료를 찾을 것인가에 대해서도 관심을 기울여야 합니다.

– 검색 자료 설정 –

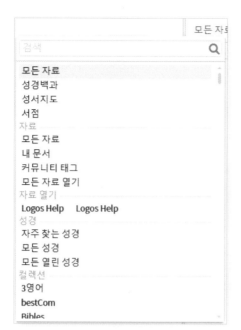

모든 자료 혹은 Everything을 누르면 그림과 같이 검색할 자료를 선택할 수 있습니다. 로고스가 기본 분류해 놓은 자료를 선택할 수도 있고, 명령 입력란에서 검색한 자료를 제한할 수도 있습니다.

language:, type: 등 서재에서 사용했던 명령어를 사용할 수 있으며, 자세한 검색 방법은 **서재(library)** 단원을 참조하시기 바랍니다. 성경 검색에서도 단일 성경이 아니라, 여러 번역본을 함께 검색할 수 있습니다.

– 성경 번역 선택 –

자료를 선택할 때는 컬렉션을 설정해서 활용하면 편리합니다. **8.서재에서 자료 찾기 〉 자료 묶어 활용하기:** 컬렉션 부분을 보고 원하는 자료를 묶어 활용해 봅시다. 컬렉션이 만들어지면, 자료를 선택할 때 아래 따로 나열됩니다.

기본 검색식 기호

검색식	설명
love	특정 단어가 나오는 경우
faith hope love	공백은 이어지는 단어가 모든 단어가 등장하는 경우를 검색하도록 한다. AND 검색이다.
faith, hope, love	, 는 이어지는 단어가 하나라도 나오는 경우를 검색한다. OR 검색이다.
"하나님의 아들"	" "는 그 안에 들어간 어구가 정확히 나오는 경우를 검색한다.
faith hope love –word	단어 앞에 –를 붙이면, 그 단어는 나오지 않는 경우를 검색한다.

관련 성경구절

그리고 로고스에서 성경 구절은 〈요한복음 3:16〉과 같이 표현합니다. 이 말은 성경 구절을 해당 부분으로 이동한다는 말이 아니고, 그와 관련된 자료를 찾는다는 뜻입니다. 즉 요 3:16과 관련된 자료를 검색하게 됩니다. 〈요한복음 3:16〉[28]로 입력을 하면, 자료에서 요 3장을 다루거나, 요 3:14-17처럼 16절이 숨어있더라도 찾아 줍니다. 하지만 앞에 등호를 붙여서 〈=요한복음 3:16〉이 되면 정확하게 요 3:16과 관련된 경우만 검색하고 더 넓은 범위는 제외시킵니다. 명령을 입력할 때, 정확하게 내가 원하는 성경 구절 범위인지 나열되는 항목을 통해 확인해야 한다는 점을 주의하세요. 아래와 같이 옆에 성경 구절을 표시하는 책갈피 아이콘이 나와야 성경 구절로 인식했다는 뜻입니다. 검색식을 입력하면서 아래쪽에 위 그림처럼 성경 구절이 나오면 선택하여 해당 구절과 관련된 내용을 검색할 수 있습니다.

– 관련 성경 구절 검색 –

논리 연산자와 와일드 카드(Wildcard)

간단한 논리 명령은 공백이나 쉼표로도 가능했지만, 보다 복잡한 검색을 할 경우에는 정확한 논리 연산자(검색 기호)를 알아 두어야 합니다. 논리 연산자는 단어 상호 간에만 아니라 단어와 여러 단어가 이어진 어구, 그리고 다른 검색식과 함께 사용할 수 있습니다. 수학에서도 먼저 계산이 이루어져야 할 경우에 괄호를 사용하듯이 로고스 검색식에도 괄호가 사용됩니다.

---

28 정확히 말하면 〈 〉는 데이터 종류에 대한 검색이므로 〈Bible 요한복음 3:16〉처럼 어떤 종류의 데이터인지 표시해야 하지만, Bible 부분을 생략해도 된다. 성경 검색은 자주 사용하는 검색이므로 데이터에 대한 표시가 없어도 로고스가 인식하기 때문이다.

검색식	설명
가 AND 나	가와 나가 함께 나오는 경우, 여기서 가, 나는 단어가 아니라 식이 될 수도 있다.
가 OR 나	가와 나 중에 하나라도 나오는 경우
가 AND NOT 나	가는 나오고 나는 나오지 않는 경우
( )	괄호 안의 검색식을 먼저 수행함

그리고 검색에서는 임의의 문자를 대신하는 연산자(기호)가 있습니다. 이를 와일드 카드라고 하는데, *은 그 글자 수까지 제한이 없고, ?의 경우는 ?가 하나 있으면, 임의의 문자 하나를 대신합니다.

검색식	설명
?	임의의 문자 하나를 대신한다. 예 : love?는 loved, loves를 대신할 수 있지만, love나 lovely를 대신할 수는 없다.
*	임의의 문자의 임의의 개수를 대신한다. 예 : love*는 love, loves, loved, lovely 모두를 대신할 수 있으며, love로 시작하는 모든 단어를 대신하는 기호가 된다.

※ ?와 *는 단어의 뒤만 아니라 앞과 중간 어디에도 올 수 있습니다. 로고스의 경우 다양한 태그를 이용하는 편이 나을 때가 많이 있지만, 와일드카드를 이용하여 단어 변화에 상관없이 다양한 검색이 가능합니다.

– 와일드 카드 연산자 –

근접성(거리) 연산자

성경 구절에 여러 단어가 함께 나오더라도 같이 붙어서 나올 때와 멀리 떨어진 경우는 중요도가 다릅니다. 그리고 두 단어의 관계에서 나오는 순서가 중요하기도 합니다. 이를 다루는 연산자를 익혀 봅시다. 또한 로고스는 겉으로 보이는 본문 텍스트에 첨부된 여러 태그를 가지고 있기 때문에, 본문 표면상으로는 드러나지 않아도, 같은 위치에 나오는 태그를 검색할 수 있습니다.

검색식	설명
가 BEFORE 나	단어 나 앞에 가가 나오는 경우
가 AFTER 나	단어 나 뒤에 가가 나오는 경우
가 NEAR 나	단어 나 근처에 가가 나오는 경우
〈요한복음 1:1〉 NEAR incarnation	요한복음 1:1이 incarnation과 근처에서 언급된 경우[29]
λόγος EQUALS word	λόγος가 word로 번역된 경우[30]
jesus BEFORE 4 WORDS christ	christ 앞 네 단어 이내에 jesus[31]
jesus WITHIN 4 WORDS christ	jesus와 christ가 순서에 상관없이 4단어 이내에 나오는 경우
jesus AFTER 2 CHARS[32]	jesus 뒤에 공백 하나를 두고 christ가 나오는 경우

– 검색식 보기와 설명 –

---

29 NEAR 명령은 대략 48개 이하의 문자, 평균적으로 8~10개 단어 이내에 있는 경우를 찾아 준다. 그리고 아직 한글 자료는 제한이 있고, 앞으로도 한글 자료가 영어 자료보다 많아질 가능성은 거의 없으므로, 특정 주제와 관련하여 단어를 검색할 때에는 영어로 찾아야 더 좋은 결과를 얻는다.

30 엄밀히 따져서 EQUALS는 번역에 대한 검색식이 아니고, 동일한 위치에 나오는 용례를 찾는 검색식이다. 그러므로 원어 태그가 있는 번역본에서는 이 명령어를 이용해서 무엇으로 번역되었는지 검색할 수 있지만, 원어 관련 태그가 없는 번역본에서는 이 명령어로 찾을 수 없다. 원어 태그가 있는 성경은 일부이며, 2019년 7월 현재, 한글 성경 중에는 개역 개정 성경 외에는 원어 태그가 없다.

31 검색 ❶패널 메뉴에서 ❷"매치 케이스(match case)"를 선택하면 대소문자를 구분하여 검색할 수 있고, 선택되어 있지 않다면 대소문자를 구분하지 않고 찾아준다.

– 검색 패널 –

32 왼쪽 단어의 끝에서 오른쪽 단어의 첫번째 문자까지 헤아린다. 그러므로 두 단어를 나누는 단일 공백은 서로 2 CHARS가 떨어져 있다.

14 | 성경 검색

성경에서 단어나, 어구 또는 다른 데이터를 찾는 검색입니다. 검색의 종류에 가장 먼저 나오는데, 사용자가 가장 많이 찾게 되는 것이 성경이기 때문입니다. 성경 검색에서는 기본 검색에 나오는 검색을 사용할 수 있으

– 성경 검색 –

며, 일반 자료보다 성경이 많은 정보가 태그 되어 있기 때문에 더욱 다양한 검색이 가능합니다. 특별히 '성경 백과'의 주제를 이용한 검색이 있어 편리합니다.

성경 텍스트만 가지고 찾을 때에는 복잡한 검색식을 이용해야 했으나, 성경 검색의 간단한 태그로 검색이 가능한 경우가 적지 않습니다.

– 성경 번역 선정 –

순서는 조금 다를 수 있지만, 성경 검색은 번

역본 선택(여러 개도 동시에 가능), 검색 범위 설정, 검색 본문 종류 설정의 순서로 이루어 집니다. 번역본 선정에서는 서재 자료 검색에 사용되었던 검색식을 사용할 수 있으며, 컬렉션을 이용하

면 매번 검색식을 사용하여 자료를 선택할 필요 없이 편리하게 원하는 자료에서 찾아볼 수 있습니다.

모든 본문을 클릭하면 검색할 성경의 범위를 설정할 수 있습니다. 기본으로 제공되는 성경의 범위가 있고, 또한 참조 범위를 검색하여 자신이 원하는 범위를 정합니다. 성경 책 이름이나 약어, 장 절 표시, 대쉬(-)와 물결 표시(~) 등을 이용해 범위를 정하는데, 꼭 다음에 프로그램이 표시하는 내용을 잘 살펴야 정확한 범위로 조정할 수 있습니다. 입력하면서 아래쪽에 나오는 표시를 잘 살펴보세요.

– 성경 범위 설정 –

– 범위 설정 표시 –

모든 성경 본문을 클릭하면 검색할 성경 본문의 종류를 선택할 수 있습니다. 기존에 분류해 놓은 본문의 종류 말고도, 자신이 로고스를 사용해서 줄긋거나, 강조 효과, 필터 효과 등을 통해 표시한 본문으로 제한해서 검색합니다. 예를 들어, 성경을 읽으며 노란색 형광펜 표시한 본문만 대상으로 검색할 수 있습니다.

– 모든 성경 본문 –

검색 도우미

성경 검색에서 표시되는 검색 도우미에도 기본 항목은 기본 검색과 동일합니다. 그러므로 성경 검색에서 특징적으로 나오는 도움 항목을 살펴보겠습니다. 기본 항목과 도우미를 활용하는 방법은 크게 다르지 않습니다. 큰 항목별로 묶어서 간단히 살펴보면 다음과 같습니다.

❶ **사람, 장소 및 사물** : 성경에 나온 인물, 장소와 다른 사물을 찾습니다. 텍스트로 찾는 것이 아니고, 태그를 이용해 찾기 때문에, 대명사로 지칭한 경우나 비유로 설명한 경우도 모두 찾아 줍니다.

❷ **화자와 수신인** : 언어학적으로 중요한 대화를 검색하여, 말한 화자와 그것을 듣는 이, 그 내용을 검색합니다.

❸ **신약의 구약 사용**에 대하여 검색합니다.[33]

---

33 **도구 〉 인터렉티브 미디어**에 있는 New Testament Use of the Old Testament를 이용해서도 신약의 구약 사용에 대해 찾아볼 수 있다. L4 링크: logosres:interactive:ntuseofot;pos=index.html

❹ **원어** 태그를 가지고 있는 성경 번역은 문법 검색을 하지 않아도, 원어 검색을 일부 수행할 수 있습니다. 표시된 내용을 잘 참고하여 도우미를 실행하면 구체적인 문법적인 사항이 필요하지 않는 여러 원어 검색이 가능합니다.

> ▾ 원어 ❹
> 헬라어 어근 단어
> (으)로 번역된 헬라어 단어
> (으)로 번역되지 않은 헬라어 단어
> 특정 인물을 지시하는 헬라어 단어
> 특정 인물을 나타내지 않는 헬라어 단어
> 히브리어 어근 단어
> (으)로 번역된 히브리어 단어
> (으)로 번역되지 않은 히브리어 단어
> 특정 인물을 지시하는 히브리어 단어
> 특정 인물을 지시하지 않는 히브리어 단어
> (으)로 번역된 아람어 단어
> (으)로 번역되지 않은 아람어 단어
> 특정 인물을 지시하는 아람어 단어
> 특정 인물을 지시하지 않는 아람어 단어

데이터 유형 검색

성경에는 여러 종류의 태그가 있습니다. 그러므로 그 태그를 검색하기 위해서는 먼저 지금 찾고자 하는 데이터가 어떤 종류에 속한다는 것을 먼저 표시해 주어야 합니다. 이 데이터 유형 검색은 성경에만 해당하는 것은 아니고, 데이터에 대한 정보가 있는 자료면 어디서나 사용할 수 있습니다.

검색식에 다음과 같이 입력하면 데이터 유형 검색이 가능합니다. 앞의 명령어(데이터 유형)에 해당하는 부분은 영어로 입력하더라도 뒷부분은 한글로 입력해도 됩니다. 데이터 유형을 정하고 이어서 사람 이름을 입력하면, 관련 인물이 나열되는데 그 중에서 선택해 줍니다.

> <person 모세
> 👤 **모세** 사람, 사사, 성서의 저자, 시편 작가
> 👤 **에돔 왕 (모세 시대)** 사람, 왕
> 👤 **므낫세 (모세)** 사람
> 👥 **모세의 재판관** 무리의 사람들, 사사
> 👤 **모세가 선언한 선지자** 사람

– 인물 데이터 유형 검색 –

데이터 종류에는 인물 외에도 장소, 사물, 장소, 사건, 설교주제 등 여러 가지가 있습니다.

검색식	설명
〈Person 모세〉	인물 중 모세를 찾아 준다.
〈Place 예루살렘〉	장소 중 예루살렘을 찾는다. 다른 이름이나 대명사로 언급하여도 빠짐없이 찾는다.
〈Thing 아론의 지팡이〉	아론의 지팡이가 언급된 곳을 찾아 준다.
〈Sense 치료하다〉	치료한다는 의미를 가진 부분을 찾아 준다.

데이터 유형 검색은 문자적으로는 여러 가지로 나와있지만 실제로 한 가지를 지시하는 경우를 찾을 수 있습니다. 바울은 사울과 바울이라는 이름으로 나오고, 대명사나 다른 명칭으로 성경에 등장하기도 하지만 〈person 바울〉로 찾으면, 모든 경우를 검색할 수 있습니다. 성경 검색에서는 검색을 수행한 후 결과를 네 가지 방식으로 볼 수 있습니다.

검색 결과 보기

검색식을 통해 원하는 내용을 찾으면, 로고스는 네 가지로 그 결과를 표시할 수 있습니다.

격자무늬	구절	나란하게	분석

❶ 격자무늬	번역본에 따라 번역이 어떻게 이루어졌는지 한꺼번에 찾아 격자 모양으로 비교해 봅니다.
❷ 구절	비교할 다른 번역 하나를 선택하여, 검색 결과를 보여주는 기본 번역과 비교해 봅니다.
❸ 나란하게	검색한 단어를 중심으로 성경 구절을 배치하여 전후 문맥을 빠르게 살펴봅니다.
❹ 분석	본문이 가지고 있는 태그를 이용하여, 그것을 중심으로 재배치하여 분석해서 보여줍니다. MS Excel의 피벗 테이블의 데이터 분석 기능과 유사합니다.

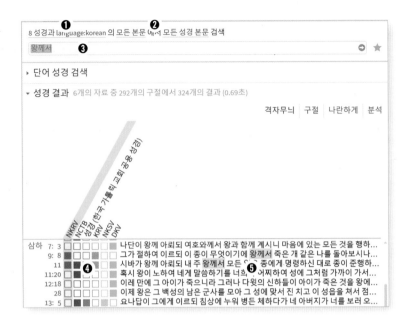

격자무늬 방식은 컬렉션을 이용하여 번역본을 적절하게 묶어서 활용하면 매우 효과적입니다.

❶ 확인하고 비교할 본문을 정하고(마찬가지로 자료를 검색하는 검색식 사용), ❷ 검색할 본문 범위 설정(범위와 특징), ❸ 원하는 단어나 구문을 찾습니다. ❹ 번역본을 비교하여, 해당 검색어가 나온 부분은 색이 칠해지고, 나오지 않은 번역은 테두리만 있는 상자가 표시됩니다. 해당 역본에 아예 그 본문이 없으면 흐릿한 금지 표시가 나타납니다. ❺ 선택한 성경의 본문이 나오고 검색어가 등장한 부분은 강조되어 표시합니다.

구절

성경 검색의 구절 보기는 검색한 기본 번역과 선택한 하나의 다른 번역을 한 구절씩 비교해서 봅니다. 양쪽 모두 연결되는 태그가 있는 경우에는 검색 결과 강조가 두 번역 모두에서 표시됩니다. 아래 그림에서도 "사랑하는"과 "whom you love"가 함께 강조 표시되었습니다.

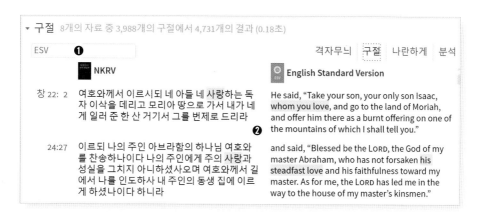

– 성경 검색 구절 보기 –

나란하게

성경 검색의 나란하게 표시는 검색 결과 강조 표시되는 단어가 중심에 위치하도록 배열하여 전후 문맥을 간단하게 파악하도록 표시합니다. 여러 개의 번역을 비교할 때(예: 한국어 성경 전체)는 번역본이 순서대로 나열되지만, 검색 결과가 많은 경우에는 한참 스크롤 해야 합니다. 이는 격자무늬 보기를 제외한 다른 보기에서도 모두 해당하는 사항입니다.

– 성경 검색 나란하게 보기 ① –

– 나란하게 보기의 여러 번역본 표시 –

분석

분석은 성경 검색 결과를 그 본문이 가지고 있는 태그를 통해 분석하고 연구할 수 있는 도구입니다. 태그에 더하여 전후 단어나, 문맥 등도 비교 항목에 포함되어 있습니다. 마치 데이터를 하나의 기준으로 비교 분석하는 MS Excel의 피벗 테이블과 유사합니다. 특정한 조건 필드를 통해 정보를 조직적으로 정리할 수 있습니다. 필드 이름을 위로 끌어 올리면(드래그) 그 주제로 묶어서 정리하며, 클릭하면 그 기준으로 정렬된다. 또한 오른쪽 마우스 버튼을 클릭하면 정리하는 데이터를 선택하여 표시할 수 있다. 단, 분석 기능을 사용할 때는 너무 용례가 많이 나오리라 예상되는 검색은 수행하지 않는 것이 좋습니다. 복잡한 연결 관계 때문에 시간이 오래 걸리고, 너무 많은 용례는 정보 가치가 떨어집니다.

– 분석 보기의 항목 –

– 조건 항목 이동 –

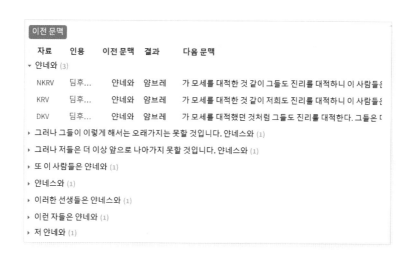

– 조건에 따른 데이터 정리 –

데이터 정리는 2중, 3중으로도 가능합니다. 즉 위의 그림이 1차 정렬 조건이었다면, 다른 항목을 뒤에 가져다 놓으면, 2차 정렬 조건으로 만들 수 있습니다. 그리고 검색 조건이 되는 필드 항목은 기본 표시 외에도 여러 가지가 있습니다.

– 분석 조건 열 제목 –

확인 표시가 옆에 붙어 있는 항목이 현재 분석 검색에서 나타난 항목입니다. 사용자가 선택하여 표시된 항목을 제외하거나, 새로운 항목을 추가할 수도 있습니다. 제시되는 조건(열 제목)은 해당 구절의 참조 사항(개별 책, 장, 절 등)과 성경 구절, 그리고 단어와 문맥, 그리고 가지고 있는 태그 항목을 선택할 수 있습니다. 이를 이용하여 상당히 전문적인 분석까지 간단한 검색을 통해 이루어질 수 있습니다.

그래프 결과

성경 검색은 또한 검색 결과를 그래프로 일목요연하게 볼 수 있습니다. 단지 어디에 나오거나 몇 번 나왔는지를 아는 것도 중요하지만, 단어의 빈도수가 높은 부분의 배치와 각 성경 책들 간의 비교 등 그래프를 통하여 다양한 연구가 가능합니다. 그래프 결과는 검색 입력란 우측 상단의 그래프 모양의 메뉴 아이콘을 통해 실행합니다.

– 성경 검색 그래프 –

그래프는 **차트 결과, 막대 차트, 기둥 도표, 파이 도표**의 네 가지로 제공합니다. **차트 결과**는 성경 전체를 일목요연하게 보여주면서, 빈도수가 높은 부분을 진하게 표시해 주어, 단어의 분포가 어떻게 되는지 한 눈에 알 수 있습니다. 표시된 부분에 마우스 포인터를 가져 가면 해당 본문을 보여줍니다.

- 그래프 종류 -

- 단일 역본 차트 결과 -

검색을 단일 역본이 아니라, 여러 개의 역본을 검색한 후에 분석하여 차트 결과를 생성하면, 아래와 같이 각각 다른 색상으로 표시하여 번역에 따라 검색 결과가 어떻게 분포하는지 한 눈에 확인합니다.

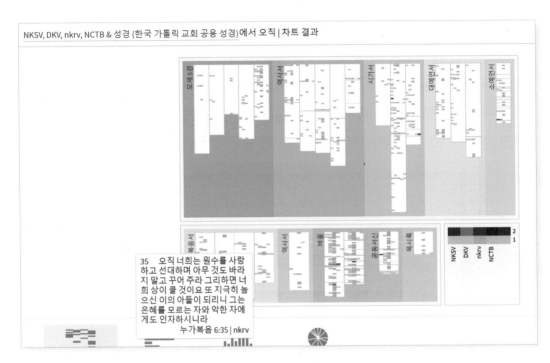

– 다중 역본 차트 결과 –

– 그래프 생성 방법 선택 –

도서에서 조회 수
장에서 결과와 구절 수
도서에서 결과와 조회 수 / 도서에서 구절 수
장에서 조회 수
장에서 결과와 구절 수
장에서 결과와 구절 수 / 장에서 구절 수
도서에서 결과와 구절 수 / 버전에서 구절 수
장에서 결과와 구절 수 / 버전에서 구절 수
장에서 조회 수 / 버전에서 조회 수
도서에서 조회 수 / 책에서 1000 단어
장에서 조회 수 / 장에서 1000단어
장에서 조회 수 / 장에서 단어 수
도서에서 조회 수 / 도서에서 단어 수
도서에서 조회 수 / 버전에서 단어 수
장에서 조회 수 / 버전에서 단어 수
도서에서 조회 수 / 버전에서 조회 수

– 막대 그래프 작성 방법 –

막대 차트, 기둥 도표는 사실은 가로, 세로의 차이만 있고, 동일한 막대 그래프입니다. 그래프를 그리는 방법은 매우 다양한데, 크게 나누어 절대 빈도수로 그래프를 그리는 방법과 비율로 그리는 방법이 있습니다. 첫 번째 그림 ❶ 위치를 눌러 생성 방법을 선택합니다. 아래 두 번째 그림의 그래프 생성 방법 중 /(나누기)가 들어간 항목은 비율 그래프를 나타냅니다.

	단일 번역	여러 번역 비교[34]
막대 차트	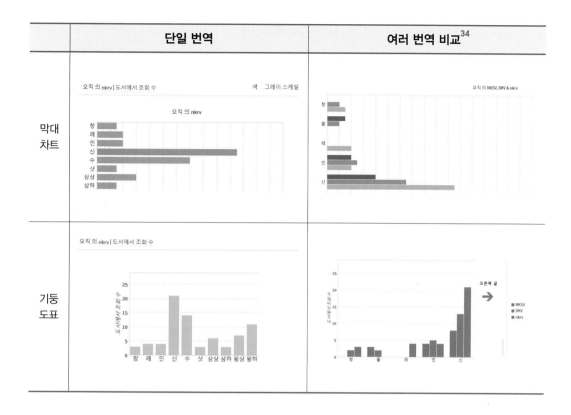	
기둥 도표		

---

34 여러 번역을 비교할 때는, 각 번역별로 색상이 달라지는데, 이에 대한 범례가 표시된다.

파이 도표 원 그래프에 용례의 비율을 표시하며, ❶ 번역본을 그래프가 다시 생성됩니다. 네 종류의 그래프는 여러 색상으로 표시하거나 그레이 스케일(명암으로) 작성할 수 있습니다.

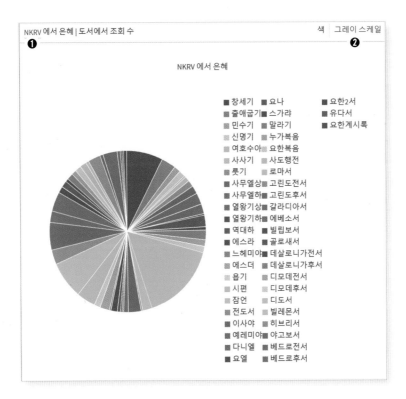

– 파이 도표 –

그래프는 사용자의 목적에 따라 적절한 조건과 모양으로 선택할 수 있어야 합니다. 특정 단어가 많이 나오는 성경 개별 책을 찾으려고 할 경우 **도서에서 조회 수**를 선택할 경우와 비율을 선택할 경우 가장 막대가 길어지는 책이 달라지게 됩니다. 조회수 절대값으로 그래프를 그리면, 성경이 길수록 조회수가 많을 가능성이 높고, 짧은 성경은 비율로 그렸을 때, 단어가 한 번이라도 나오면 그래프 막대가 크게 그려집니다.

15

미디어
검색

인터넷 검색 엔진에도 이미지나 동영상을 찾는 검색이 별도로 있듯이, 로고스에도 이미지, 동영상, 오디오 자료를 찾는 검색이 따로 구분됩니다. 물론 기본 검색에서도 이미지나, 동영상을 검색할 수는 있지만 정밀하게 찾으려면 미디어 검색이 편리합니다. 먼저 미디어 검색할 자료의 범위를 정합니다. 여기에서도 자료를 찾기 위한 검색식을 적용할 수 있습니다(예: language:korean 등).

– 미디어 검색의 자료 선택 –

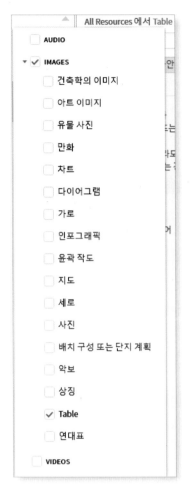

분류에 따라 검색할 미디어를 선택합니다. 크게는 오디오, 이미지, 동영상으로 분류되지만, 이미지 아래에 여러 종류의 세부 항목을 선택할 수 있습니다. 이미지의 종류가 가장 다양하고, 또 검색이 많이 이루어지기 때문입니다.

검색식의 구성 방법 자체는 기본 검색과 큰 차이가 없기 때문에, 아래와 같이 검색 도우미에서도 기본 검색에서 제공하는 내용과 동일하게 안내합니다.

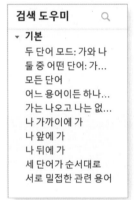

– 미디어 종류 선택 –   – 미디어 검색 검색 도우미 –

특별히 데이터 유형 검색을 적절히 사용해야 원하는 결과를 얻을 수 있습니다. 예를 들어 "모세"에 관한 검색을 할 때, 성경에 나온 모세를 검색한다면, "Moses"를 검색하기 보다, ⟨person 모세⟩로 찾는 편이 더 적절한 검색 결과가 나옵니다.

16

조건 검색
clause search

원어 성경에 나오는 문장 구절을 문법적이거나 통사적인 속성에 따라 찾는 검색입니다. Clause가 절과 조건이라는 뜻을 모두 가지고 있기 때문에, 절 검색이라고도 하였고, 조건 검색으로 한글 명칭이 바뀌었습니다.

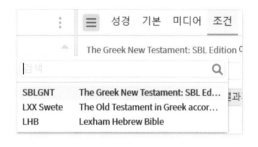

– 조건 검색이 가능한 성경 –

이러한 검색을 위해서는 본문에서 해당 정보를 가지고 있어야 하기 때문에, 모든 성경에서 조건 검색이 가능하지는 않습니다. 문장 구성 요소 정보를 가지고 있는 성경은 기본적으로 헬라어, 히브리어. 원어 성경이며 신약의 **SBLGNT**, 칠십인역의 **LXX Swete**, **LHB** 등에서 조건 검색이 가능합니다.

조건 검색은 검색식을 입력했을 때, 로고스가 표시하는 내용을 확인하는 일이 더욱 중요합니다. 다양한 태그 정보를 모두 외우기는 어렵기 때문에, 검색식을 구성하며 안내를 순서대로 따라야 합니다. 조건 검색에서는 한글 메뉴일 경우에는 한글로 영문일 경우에는 영문으로 검색해야 합니다. 전체 모든 명령을 익히기는 만만치 않지만, 몇 가지를 활용해 보면 금세 연구에 적용할 수 있을 것입니다.

– 조건 검색의 검색식 구성 –

조건 검색에서는 검색 도우미는 따로 제공하지 않습니다. 그러나, 패널 오른쪽을 보면 아래와 같이 어떻게 검색할 수 있는지, 검색 조건에 대해 안내하고 있습니다. 언어학적인 훈련이 되어 있지 않는 사용자에게는 어렵게 느껴질 수 있는 부분도 있지만, 실제로 찾아보는 경험이 중요합니다. 많이 찾아보면 방법을 익힐 수 있습니다.

분류	설명
여러 존재	문장 가운데 나오는 인물, 장소, 사물 등을 검색합니다. 본문 표면에 나오는 단어가 아니라 실제 지시하는 내용을 검색합니다.
의미	본문 표면상 단어가 아니라, 의미로 검색을 하게 됩니다. 예를 들어 "치료하다"에 해당하는 단어들을 검색할 수 있습니다.
의미론적 역할	의미론적으로 어떤 역할을 하는지 여러 가지 조건으로 검색합니다.
구문적 역할	주어, 목적어, 부사적 수식어를 검색합니다.
동사	헬라어, 히브리어 등의 원형으로 검색할 수 있으며, 이러한 면에서 의미와 비교됩니다. 다른 분류의 검색식과 함께 사용할 수 있습니다.
본문형	원형이 아닌 본문에 나오는 변화형 그대로를 검색할 수 있습니다.
논리 연산자	기본 검색에서부터 가능했던 AND, OR, ANDNOT 등의 논리 연산자를 사용하여, 여러 검색식을 복합적으로 구성합니다.

– 조건 검색 분류 –

이 안내에서는 이 분류가 합쳐서 어떤 검색을 할 수 있는지도 제시하고 있습니다. 단, 예시로
제시한 검색식은 실제 용례는 하나도 나오지 않을 수 있음을 유의하세요.[35]

도구로서 존재(인물, 장소, 또는 사물)(구약만)
도구:아하수에로(왕)
비교급으로서 존재(사람, 장소 또는 사물)(구약만)
비교급:메대
주제+설명으로서 존재(인물, 장소 또는 사물)(구약만)
주제와·설명:무엇이든
방법으로서 존재(인물, 장소 또는 사물)(구약만)
방법:무엇이든

구문적 역할
주어로서 존재(인물, 장소 또는 사물)
주어:아브라함
목적으로서 존재(인물, 장소 또는 사물)
목적어:만나
부사절 수식어에 나오는 존재
부사적:다윗
주어와 직접 목적어(신약만)
주어:예수 목적어:베드로

동사
히브리 동사 원형
동사·원형:בוֹשׁ
헬라어 동사 원형
동사·원형:ἀναγγέλλω
동사 루-나이다 의미군(신약만)
동사·의미군:33.176
주어와 헬라어 동사
주어:예수 동사·원형:λαμβάνω
주어와 동사 구문론(신약만)
주어:예수 동사·의미군:23.136
주어와 영어 동사
주어:A Man 동사:to bury

본문형
부사절 수식어에 나오는 히브리어 단어
부사적·본문형:דָּוִד
부사절 수식어에 나오는 헬라어 단어
부사적·본문형:Δαυὶδ

논리 연산자
인물 AND (인물 OR 인물) 을 주어로 하는 경우
주어:사울(왕) AND (person:요나단(사울의 아들) OR person:
다윗)
직접 목적어가 없는 주어
subject:아담 (첫번째 사람) object:없음
주어와 어떤 직접 목적어든 함께 나오는 경우
주어:아담 (첫번째 사람) 목적어:무엇이든
직접 목적어는 있고 주어는 특정 존재가 아닌 경우
목적어:성령 AND NOT 주어:하나님
주어와 특정 행위자가 아닌 경우
주어:요나 AND NOT 행위자:요나
주어가 없는 행위자
행위자:무엇이든 주어:없음

---

35 영문 로고스의 한글화 작업은 일반 도서나, 다른 프로그램 보다
도 매우 복잡한 과정을 거칩니다. 단순 기능이 아니라 전문적인
학술 용어와 일반 용어가 뒤섞여 있고, 프로그램 태그와 거기에
연결된 자료의 여러 관계 때문입니다. 한국어에서 약간 문제가
있지만 영문에서는 가능할 때가 있음을 참고하세요.

17 문법 검색

원어 성경의 어휘들을 문법적으로 분석한 본문에서 그 속성에 따라 찾는 검색입니다. 문법 검색을 할 때는 주의 사항이 있습니다. 문법 데이터베이스 자료에 따라 문법의 분류 체계가 달라짐을 고려해야 합니다. 즉 어떤 원어 성경으로 검색하느냐에 따라 검색식이 달라지고, 또 더 자세히 살펴볼 수 있는 내용이 달라지기 때문입니다. 기초적인 과정의 하위 패키지에서 검색을 할 경우에는 별로 문제가 되지 않지만, 로고스의 문법 체계는 수십 종이 넘기 때문에, 그 특징을 알고 사용하면 매우 깊은 원문 연구가 가능합니다. 부록에 나온 문법 분류 체계를 참고하세요. 처음 기본 설정은 다른 검색과 비슷합니다.

– 문법 검색 설정 –

❶ 형태론 정보를 가지고 있는 자료를 택합니다.

❷ 검색 범위를 정합니다.

❸ 검색할 본문 종류를 택합니다(특별한 표시가 있는 등).

검색 도우미

문법 검색 도우미의 안내는 성경 검색에서 제시되었던 내용 가운데, 기본과 원어 관련 내용을
표시합니다.

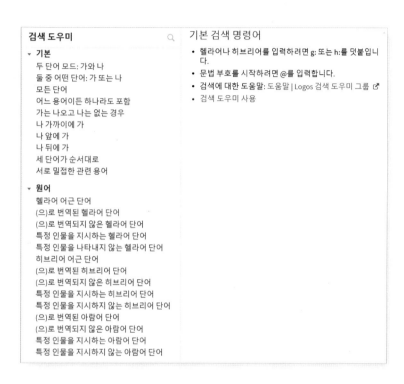

– 문법 검색 도우미 –

문법 검색식을 구성하는 방법은 기본 검색 명령어에 안내한대로, 먼저 헬라어, 히브리어 타이
핑은 언어의 앞글자를 딴 'g:', 'h:'이라고 입력을 하고 밑에 나열되는 항목 중에 택하여 입력합니
다. ':'과 이어지는 알파벳 사이에는 공백이 없습니다. 또한 추가된 키보드 변환기를 사용해 손
쉽게 입력할 수 있으며(부록3 참조), 헬라어나 히브리어 언어팩을 설치하여 입력하는 방법도 있
습니다.

– 문법 검색 원어 입력 –

단어 앞에 붙은 아이콘에 따라 의미가 달라지는데, 원그래프 모양은 원형이라는 의미이고, 수학 기호 루트 모양은 어근이라는 뜻입니다.

항목을 선택하면 위 입력란에 **원형:**, 혹은 **lemma:**

와 같이 앞에 데이터의 종류를 나타내는 표시가 첨

부됩니다. 이렇게 찾고자 하는 단어를 입력한 후 **@**를 입력하면 안내대로 문법적인 사항을 검색할 수 있습니다.[36] 기호를 외울 경우 바로 입력도 가능하지만, 안내대로 클릭하여 입력해도 불편함이 없습니다.

lemma:λόγος

root:ζαω

lemma:λόγος**@NNSM**

hebrew:מלך

aramaic:מלך

---

36 문법 체계에 대해서는 부록3을 참조하세요.

– 데이터 종류 표시 보기 –

문법 코드까지 붙은 **lemma:λόγος@NNSM**와 같은 표현 전체를 단어 하나로 생각하여 검색 도우미나 기타 논리 연산자를 사용하여 검색식을 구성하면 문법 검색이 가능합니다.

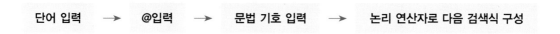

– 문법 검색 입력 순서 –

그러면, NA28 본문 공관복음에 나오는 λόγος의 단수 소유격을 찾는 연습을 해봅시다.

λόγος의 단수 소유격 찾기

1. 자료 선정

❶ 자료를 검색합니다(널리 알려진 자료는 약어로 찾을 수 있으며, 자신에게 익숙한 약어로 설정할 수도 있다. 원할 경우 해당 자료의 정보를 이용한다.)

자료 패널 매뉴 〉 정보

❷ 선택합니다.

2. 원형 선택

❶ 원하는 단어를 찾습니다(**g:**, **h:** 를 앞에 붙이고 영어로 비슷한 발음 입력, 키보드 변환기 사용).

❷ 선택합니다. 비슷한 단어가 여러 개 나올 수도 있으니 분명하게 확인합니다.

3. 문법(형태론) 기호 입력

❶ 원형 옆에 @입력합니다.

❷ 표시되는 품사에서 명사 선택합니다.

4. 추가 문법 사항 선택

❶ 표시된 문법 사항에서 속격을 택합니다.

❷ 단수를 택합니다. 성이나 등급 등이 필요하지 않을 경우에는 추가로 선택하지 않아도 됩니다.

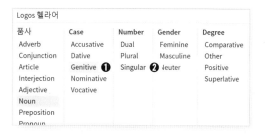

5. 검색 범위 한정

검색 범위를 한정하는 것은 단어와 문법 검색식을 입력하기 전에 해줘도 상관 없습니다. **1. 자료 선정** 순서 다음에 미리 범위를 제한하거나, 모든 검색식을 구성한 다음에 범위를 제한합니다.

❶ **모든 본문**을 선택합니다.

❷ 공관복음 선택합니다(미리 만들어진 범위는 클릭으로 선택하고, 다른 참조 범위를 원할 경우에는 직접 입력한다).

6. 검색과 즐겨 찾기 추가

❶ 오른쪽 화살표를 클릭하면 검색이 실행됩니다.

❷ 자주 찾는 검색의 경우 별표를 눌러 즐겨 찾기[37]에 추가할 수 있습니다.

---

37 도구 〉 서재 〉 즐겨찾기 메뉴에 있음.

단어에 대해 형태론 요소까지 덧붙인 다음에는, 그 전체. 예를 들어 위에 나온 **원형:**λόγος**@NGS** 를 하나의 요소로 생각하고, 여러 개의 요소를 AND, OR, ANDNOT, 또는 괄호 등으로 관계 를 설정하면 다양하고 정밀한 검색이 가능합니다.

여기서 잠깐 Tip

때로는 원형과 상관없이, 품사만 검색하거나 다루어야 할 경우가 있습니다. 그 경우에는 바로 **@N**(명 사)와 같이 원형을 생략 주어도 됩니다.

또는 데이터 유형 검색을 이용합니다. 〈 로 검색란에 입력을 시작하면 데이터 유형 검색을 시작하면 형태론 데이터 유형 목록을 볼 수 있습니다.

또한 〈**LogosMorphHeb ~ V????????**〉와 같이 형태론 기호를 적으면, 신속하게 검색 가능합 니다. 이 검색식은 로고스 히브리어 형태론에서 동사를 검색하는 검색식입니다. **?**(물음표)는 한 자리를 나타내는 와일드카드 기호입니다.

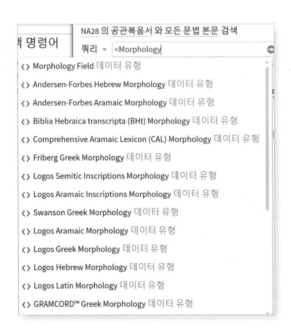

18

고급 문법
검색

문서 > 고급 문법 검색

고급 문법 검색(Morph Query)은 바이블웍스의 GSE나 어코던스의 Structure Search와 유사한 기능입니다. 로고스의 고급 문법 검색은 프로그램의 장점인 풍부한 데이터 분류와 태그를 적극 활용하여, 상세하게 검색할 수 있습니다. 고급 문법 검색은 문법 검색 옆 링크를 이용해서 이동하거나, **문서 > 새문서 > 고급 문법 검색**으로 생성합니다. 그리고 아래 그림과 같이 문법 검색 옆의 쿼리를 눌러 생성합니다.

– 고급 문법 검색 생성 –

고급 문법 검색은 각 요소(단어 혹은, 문법 사항)에 내용을 정하고, 그 요소들 사이의 거리와 순서 등을 정하는 형식으로 구성하는데, 원하는 구문을 찾기 위한 문법 검색은 작성에 시간이 소요되고 계속 다듬어야 하기 때문에, "문서"로 관리합니다.

고급 문법 검색 문서를 작성하는 방법을 살펴봅시다.

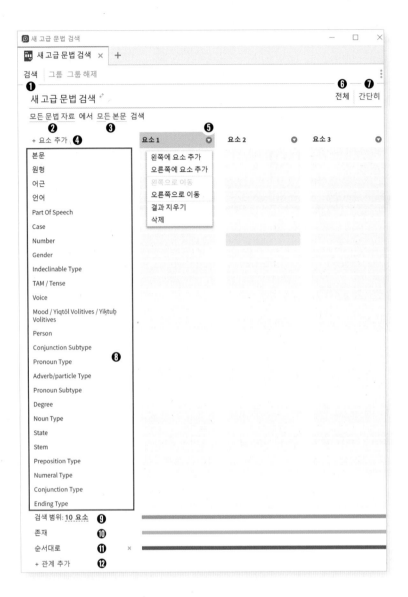

❶ 검색 문서의 이름을 붙입니다. 왼쪽 위의 "검색"은 문서 작성을 완료한 후 누르면 검색이 실행됩니다.

❷ 검색할 자료를 선택합니다.

❸ 검색할 범위를 정합니다.

❹ 정보를 선택하거나 관계를 설정할 요소를 추가합니다.

❺ 요소를 왼쪽이나 오른쪽에 추가하거나 이동하고 편집합니다.

❻ 비어 있는 자리를 포함해 전체 문서를 봅니다.

❼ 요소에 정보가 채워진 항목만 간단히 표시합니다.

❽ 각 요소의 정보를 선택 입력하는 곳입니다. 한 칸에 두 개의 요소를 입력할 경우 OR 검색처럼 어떤 요소라도 상관이 없다는 뜻입니다.

❾ 각 요소가 전체 몇 요소(주로 단어) 혹은 몇 구절 내에 나오는지 설정해 줍니다. 이 도구를 이용해 한 구절 범위만이 아니라 여러 구절 범위 내에 나오는 단어, 요소도 검색 가능합니다.

❿ 존재해야 하는 요소를 표시합니다.

⓫ 요소의 순서를 설정합니다.

⓬ 존재, 순서 등이 복합적인 관계를 가질 경우 추가로 관계를 설정합니다. 문법적 일치 관계도 추가할 수 있습니다.

고급 문법 검색을 설명만으로 이해가 어렵다면 두 가지 예를 살펴봅시다. 관계를 더 명확히 파악하기 위해 간략하게 보기를 선택하였습니다.

1. 동일한 단어의 호격이 연달아 두 번 나오는 경우[38]

2. 바울 또는 사울이 3구절 내에 바나바와 함께 나오는 경우

단어 1에 두 개의 단어가 들어간 이유는 바울이 두 가지 이름으로 성경에 등장하기 때문에 어느 경우라도 상관없다는 의미입니다.

검색은 이론적인 내용보다, 자신의 필요에 따라 여러 번 사용해 보면서 능숙해 져야 합니다.

---

38 왼쪽 하단에 "동의"라고 된 부분은 agreement의 오역으로 보인다. 프로그램 번역은 문장이 아니라 단어로만 번역이 이루어져서, 간혹 오역이 있다. 위의 내용은 로고스에서 인지하고 있는 내용으로 곧 수정될 것이다. 오역이 아니어도, 우리 나라에서는 문법 용어 통일이 이루어지지 않았기 때문에 자신이 배우지 않은 표현이면 도리어 이해가 어려운 경우도 적지 않다. 영어 문법 용어에 익숙한 사람은 영문 메뉴로 보는 것도 나쁘지 않다.

19

구문
검색

구문 데이터베이스에서 통사 구조를 찾는 검색입니다. 각 데이터베이스에 따라 검색 방법이 다르며, 단순한 문법 사항이 아니라, 언어학에 대한 이해가 필요한 경우도 있습니다. 로고스 8에서는 공유 문서를 검색할 수 있기 때문에, 공유 문서 중 구문 검색에 관한 것을 찾아서 익히면 도움이 될 것입니다.

구문 검색은 원어에 대한 구문 이해와 로고스 활용 방법이 함께 있어야 하므로 처음부터 익숙하기는 쉽지 않을 것입니다. 공유 문서를 통해 구조를 익히고 연습해 보는 것이 효율적입니다. 구문 검색 식을 작성하면, 나중에 검색에 활용할 수 있습니다. 문서를 생성하려면 **문서 〉 새 문서 〉 구문론 검색**을 클릭하거나 구문론 검색에서 **기록 〉 새구문론 검색**을 실행합니다.

❶ 구문 검색을 실행할 성경을 택합니다.

❷ 다른 검색과 같이 검색할 본문 범위를 정합니다.

❸ "새구문론 검색"을 원하는 이름으로 바꾸어 줍니다.

❹ 기존 템플릿을 활용하거나, 저장해 두었던 검색을 사용할 수도 있습니다. 공유 문서에서 구
  문론 검색을 찾아 다운로드해도 이곳에 표시됩니다.

좌측 하단의 조금 넓은 공백에 구문 검색을 위한 도해(diagram)를 작성합니다.

– 구문 검색 –

원하는 항목을 선택한 다음에, 우측에서 해당 용어의 세부 설정을 지정해 줍니다.

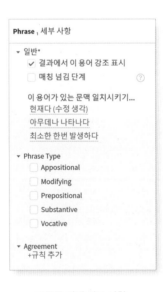

– 구문론 검색 세부 사항 –

생성된 용어 상자를 선택하면 상하좌우에 추가 아이콘이 표시됩니다. 이를 이용해 여러 용어의 관계, 거리 등을 설정하여 구문 검색 문서를 생성합니다.

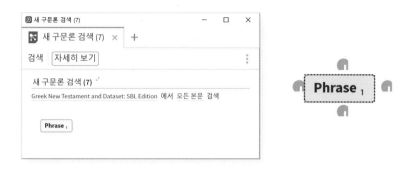

– 구문 검색 문서 생성 과정 –

아래는 이러한 과정을 통해 생성된 구문론 검색 문서로, 공개된 문서 입니다.

Tim Finlay, AFAT Call to Attention

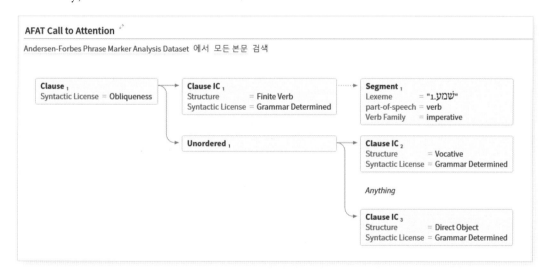

Phil Gon, *κατά* 기/ Accusative in the New Testament (Syntax Search)

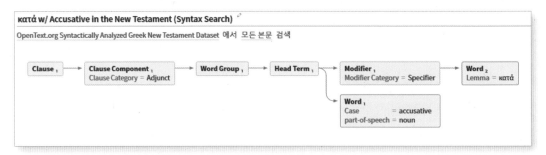

20

자료를 묶어 보자: 컬렉션 만들기

컬렉션을 구성하면, 그 컬렉션에 붙인 이름이 자료를 선택할 수 있는 검색에서 항상 표시됩니다. 성경 번역이나, 기타 여러 자료를 자신이 원하는 조건으로 묶어서 활용할 수 있습니다.

❶ 컬렉션의 이름을 입력합니다.

❷ 원하는 자료를 검색식을 이용하여, 추출합니다. 여기에 사용되는 검색식은 서재(library)에서 사용하는 검색식입니다.

❸ 추가할 자료를 옮겨옵니다.

❹ 제외할 자료를 옮겨옵니다.

❺ ❷에서 구성한 검색식이 표시됩니다. 원하는 자료를 옮

기고 검색식을 지우지 않으면 여기에 있는 자료까지 컬렉션에 포함됨에 유의합시다.

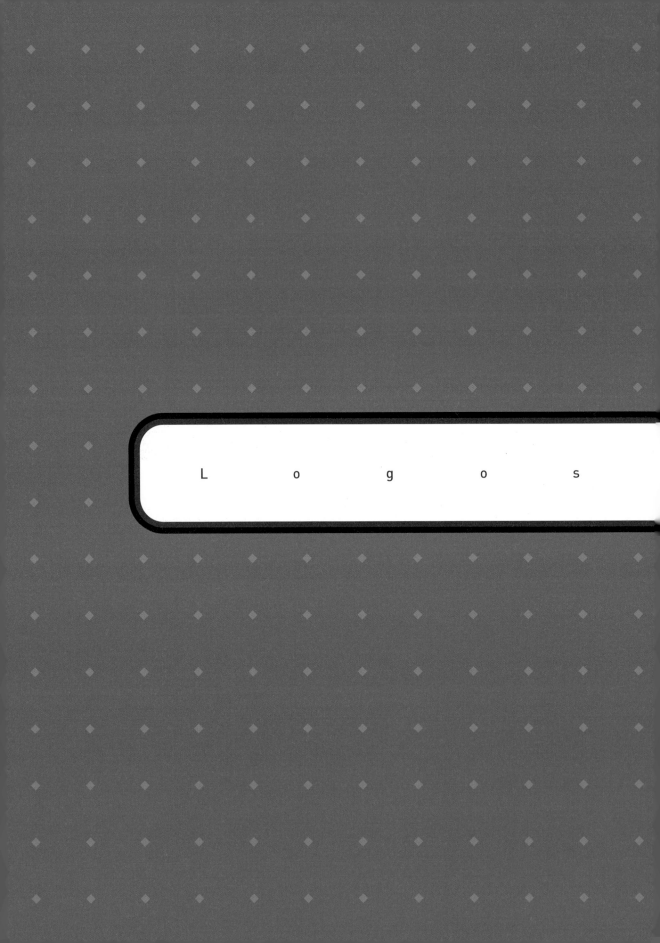

Logos

PART 06

문서

문서(documents)란 로고스 사용자가 프로그램이 제공하는 기능으로 생성한 여러 자료를 의미합니다. 단순히 기존 자료에서 원하는 내용을 찾고 끄집어 내는 것에 더하여, 사용자가 본인의 의도에 맞게 정리하고, 연구에 사용할 수 있도록 저장해 놓는 기능이 문서입니다. 또한 이러한 "문서"는 개인만 사용하지 않고, 특정 그룹이나, 완전 공개로 공유할 수도 있습니다. 문서를 이용하면 집단 연구가 가능하므로 혼자서 감당하기 어려운 과제에서도 효과적으로 사용할 수 있습니다. 문서는 상단 메뉴의 **문서**를 클릭합니다.

– 문서 메뉴 –

– 문서 실행 –

❶ 필터링을 켜고 끄는 아이콘입니다.

❷ 바로 문서 이름을 입력하여 찾습니다.

❸ 개인 문서를 검색하거나, 자신이 가입되어 있는 그룹에서 공유한 문서를 검색합니다. 전체 공개된 문서를 찾아볼 수도 있습니다.

❹ 거꾸로 자신이 생성한 문서를 공유합니다.

❺ 새로운 문서를 생성합니다.

❻ 글씨 크기나 패널 복사 등을 설정하는 설정 메뉴입니다.

❼ 문서 종류가 여럿이고, 사용하다 보면 많은 문서가 생성되기 때문에 원하는 문서를 찾기 위해 필터링하여 종류나, 생성ㆍ수정한 날짜에 따라 걸러내는 도구입니다.

❽ 저장된 문서를 표시합니다.

❾ 생성할 수 있는 약 14종의 문서가 표시됩니다.

이제 각 문서의 구체적인 기능에 대해서 살펴봅시다.

21

고급 문법 검색과
구문론 검색

검색에 관한 단원(p.183 구문 검색 참조)에서 자세히 다루고 있으니 그 부분을 찾아보시기 바랍니다.

– 고급 문법 검색, 구문론 검색 문서 생성 –

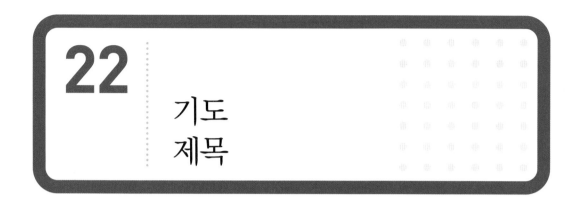

22

기도
제목

로고스에는 성경 연구를 돕는 기능만 아니라, 경건 생활과 목회에 도움이 되는 내용도 포함하고 있습니다. 그 중 하나가 **기도 제목** 문서입니다. 새 문서 만들기에서 기도 제목을 선택합니다.

– 새 문서의 기도제목 선택 –

기도제목을 작성하고 관리하는 방법을 살펴봅시다.

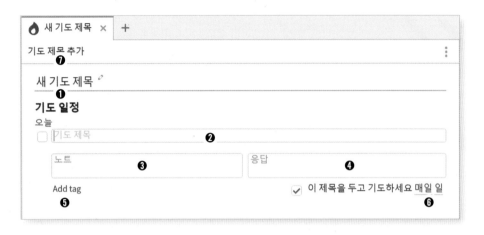

– 새 기도 제목 작성 –

❶ 원하는 제목으로 기도 제목을 수정합니다. 이 부분은 기도 제목의 주제입니다.

❷ 구체적인 기도 제목을 입력합니다.

❸ 내용을 입력합니다.

❹ 응답 여부를 기록합니다.

❺ 나중에 검색할 수 있도록 태그를 기록합니다.

❻ 어떤 간격으로 기도할지 설정합니다.

❼ 또 다른 기도 제목을 추가합니다.

기도 제목을 정리하여 문서를 기록하면, 사용자의
로고스 홈페이지 화면에 위 그림과 같이 해당 내용
이 관리되어 잊지 않도록 도와줍니다.

– 대시보드에 기도 제목 표시 –

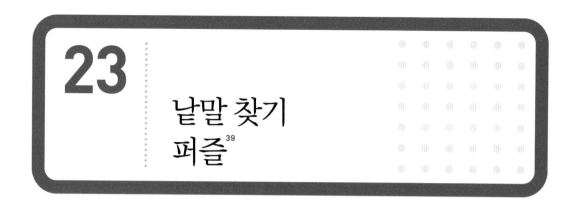

23 낱말 찾기 퍼즐[39]

낱말 찾기 퍼즐은 성경 본문을 정하고, 그 부분에 나오는 단어를 찾는 퍼즐입니다. 수련회, 성경 학교, 주보에서 유용하게 사용할 수 있습니다.

– 새 낱말 찾기 퍼즐 –

❶ 원하는 성경 구절 범위를 정합니다.

❷ 퍼즐을 생성할 번역을 정합니다.

❸ "정답 표시"가 퍼즐이 생성될 경우 활성화 됩니다.

---

[39] 생성된 퍼즐을 인쇄하기 위해서는 우측 상단의 패널 메뉴를 이용해서 퍼즐을 인쇄한다.

– 생성된 퍼즐 –

생성된 후에는 다음과 같이 원하는 대로 설정할 수 있습니다.

❶ 찾아야 할 단어를 하단에 단어 목록으로 표시합니다.

❷ 찾아야 할 단어를 본문 구절 중에 표시합니다.

❸ 퍼즐의 크기를 선택합니다. 한국어 성경은 작게 표시할 수밖에 없지만, 영어와 원어 성경 등
은 더 단어가 많은 큰 퍼즐을 생성할 수 있습니다.

❹ 퍼즐을 풀기 어려울 경우 정답을 표시합니다.

– 퍼즐 정답 표시 –

날이니라 번성하여 보시기에
이르시되 종류대로 좋았더라

창세기 1 (2)

창세기 1   English Standard Version ▼   정답 표시

창세기 1 (2)   단어목록 구절 / 작게 중간 크게 더크게

```
L D D X C P A I S L E C R U
I F M L R U L E A V V R E R
G B W I E V E R Y I E E V U
H E A V E N I G H T R A E M
T A T I P L A N T S Y T N O
H S E N S E P A R A T E I R
E T R G D F S X L I H D N N
R A S O A C C O R D I N G I
E R C O R R E X P A N S E N
K I N D K E A R T H G W R G
M P L V N A I L H T F A C E
Y M A D E T S B I R D R Y P
K U K G S U E P N E E M R C
X H K F S R E V G E S U F C
S C A L L E D L F F R U I T
```

ACCORDING	BEAST	BIRD
CALLED	CREATED	CREATURE
CREEPS	DARKNESS	EARTH
EVENING	EVERY	EVERYTHING
EXPANSE	FACE	FRUIT
GOOD	HEAVEN	KIND
LIGHT	LIVING	MADE
MORNING	NIGHT	PLANT
RULE	SAID	SEED
SEPARATE	SWARM	THERE
THING	TREE	WATERS

– ESV 퍼즐 생성 –

24

독서
계획표

로고스는 성경과 자료를 '찾는' 도구이기도 하지만, 효과적으로 독서하도록 돕기도 합니다. 자료와 일정을 정하여 독서를 돕는 문서가 바로 **독서 계획표**입니다. 다른 문서와 마찬가지로 독서 계획표도 다른 사용자와 공유하여 함께 독서를 진행할 수도 있습니다. 그리고 기도 제목처럼 독서 계획표는 '일정'을 가지고 있기 때문에, 대시보드에 현재 진행 사항을 표시합니다.

– 독서 계획표 새문서 생성 –

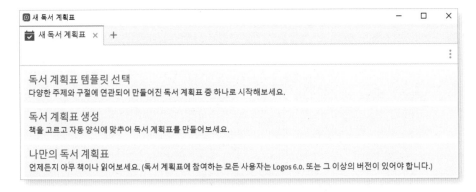

– 새 독서 계획표 –

독서 계획표 템플릿

미리 만들어 놓은 다양한 템플릿에서 독서 계획표를 만듭니다.

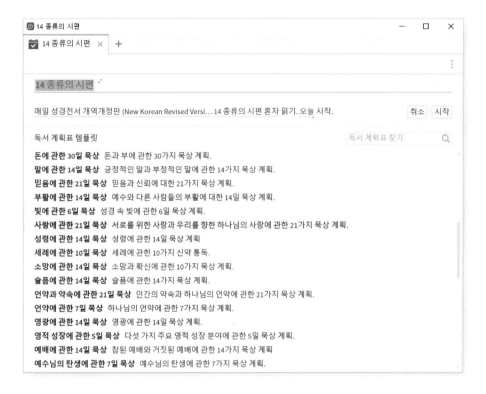

독서 계획표 생성

❶ 무엇을 읽을 지 자료를 정합니다.

❷ 본문의 범위를 설정합니다.

❸ 개인 독서와 공유 독서 중에 선택합니다.

❹ 시작과 종료 시점을 설정합니다.

시작을 클릭하면, 설정한 시작 날짜부터 독서 계획이 실행됩니다.

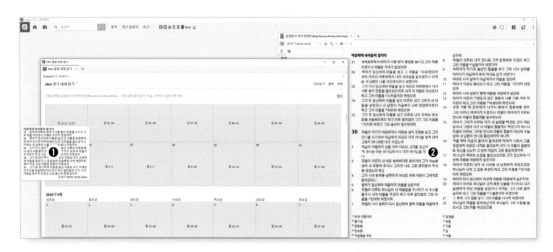

– 독서 계획표 실행 –

독서 계획표가 생성되면, 날짜마다 성경 구절이 표시되고, 마우스 포인터를 가져가면 ❶ 해당 성경 본문이 팝업 됩니다. ❷ 또한 클릭하면 별도의 창에서 자료를 읽을 수 있습니다.

나만의 독서 계획표

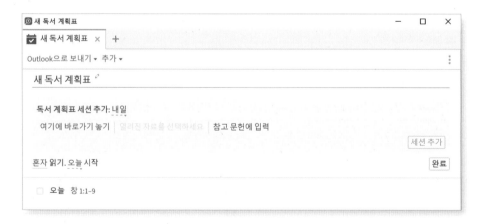

– 나만의 독서 계획표 생성 –

나만의 독서 계획표는 사용자가 원하는 대로 계획표를 더 다듬을 수 있습니다. 책 하나를 자동적으로 나누어 주는 것을 넘어서, 원하는 책 여러 종류를 원하는 만큼 읽는 계획을 만들며, 이를 Outlook 등 일정 관리 프로그램으로 보내 관리합니다.

독서 계획표에 생성한 일정대로 진행하지 못하고, 밀린 일정이 생기면 아래와 같이 완수하지 못한 계획이 있음을 표시합니다.

– 밀린 일정 표시 –

문서 공유를 통해, 마음이 맞는 이들과 함께 스터디를 진행하기에도 매우 훌륭한 기능입니다. 독서 계획표만 아니라 다른 문서도 아래와 같이 공유할 수 있습니다.

– 문서 공유 –

상단 메뉴에서 "문서"를 선택한 후 나오는 안내 상자에서 ❶ 원하는 문서를 선택하면 ❷ 공유 단추가 활성화됩니다.

공유를 선택하고, 완전 공유를 원할 경우 **public**을 택하고 문서 공개를 "예"로 조정하여 다른 사용자가 검색이 가능하도록 하거나, 링크를 생성할 수 있으면, **group**을 택하고 자신이 가입된 그룹을 택하여 그 안에서만 공유할 수 있습니다.

– 문서 공유 –

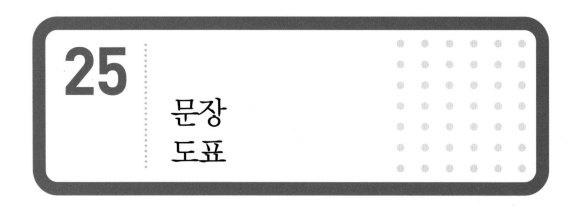

문장
도표

문장 도표(diagram)은 구문 구조를 일목요연하게 표시하도록 돕는 도구입니다. 성경 구절을 넣어 분석할 수 있는 기능인데, 언어와 상관없이 도표를 작성할 수 있습니다.

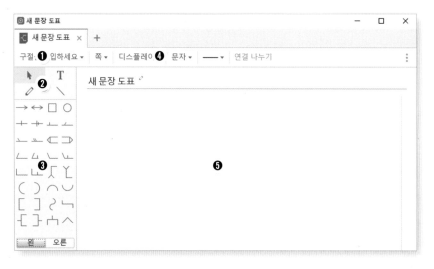

– 문장 도표 생성 –

❶ 성경에서 원하는 구절을 입력합니다. 성구를 입력하면 아래와 같이 구절의 각 단어가 분리되어 도표를 그리기 편한 형태로 표시되고, 이 단어를 이동하여 도표를 작성합니다.

❷ 각 개체를 선택하고 문자를 입력하는 등 편집을 위한 기능입니다.

❸ 문장의 주어, 술어, 목적어와 같이 구문 상황을 도표로 그리기 위해 사용하는 표시입니다. 각 표시가 어떤 의미를 가지는지 알려면 마우스 포인터를 위에 가져가면 내용이 표시됩니다. 이 기호를 성구 단어가 ❺ 배치된 부분으로 끌어 이동하여, 각 단어와 요소를 적절히 배치하여 도표를 작성합니다.

새 문장 도표

요한복음 3:16 (NKRV)

16   하나님이   세상을   이처럼   사랑하사

독생자를   주셨으니   이는   그를   믿는

자마다   멸망하지   않고   영생을   얻게

하려   하심이라

– 문장 도표 성구 입력 –

❹ 페이지의 쪽 구성을 설정합니다.

❺ 성구 단어와 도표 기호를 표시하는 곳입니다. 각 요소를 적절하게 이동하여 원하는 도표를 작성합니다.

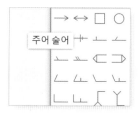

– 도표 표시 기호 –

문장 도표를 작성하는 것은 구문에 대한 파악과 로고스의 기능을 잘 알아야 능숙하게 그릴 수 있습니다. 성경 전체를 도표로 작성한 Randy A. Leedy의 자료[40]는 아직 로고스에서 구할 수 없지만, 본인이 도표를 작성하거나 공개된 자료를 다운로드 받아 사용할 수 있습니다.

---

40 Bibleworks에 수록되었음.

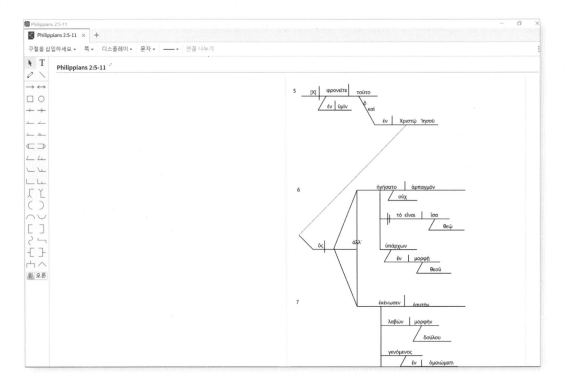

– 공유 문서 Philippians 2:5–11의 일부 –

공개된 문장 도표 문서를 검색하려면, **문서 〉 공개된 문서 〉 Sentence diagram**을 검색하면 됩니다.

26

설교

"설교" 문서는 로고스가 제공하는 사용자 설교를 관리 도구입니다. 검색이 편리하도록 내용을 첨부하고, Logos 성경 프로그램을 제작한 회사인 Faithlife 사의 Proclaim과 더불어 이용하면 슬라이드를 함께 관리할 수 있어 편리합니다. 설교 문서를 작성하면, 연구 길잡이 등에서 관련된 성경 구절을 찾을 때 사용자 문서로 함께 표시됩니다.

한 가지 아쉬운 점은 이 글을 쓰고 있는 현재, 한글을 연속적으로 입력할 때 마지막 글자가 반복되는 버그가 있습니다. 작성을 다른 문서작성기에서 작성하고 내용을 삽입하는 것도 권할 만한 방법입니다. 또한 "설교" 문서를 작성하여, 설교를 공유하는 Soundfaith 사이트에 본인 계정으로 게시하여 다른 사용자가 검색할 수 있도록 설정할 수 있습니다.

– 새 설교 문서 작성 –

설교에 필요한 슬라이드를 관리하고, 인쇄물을 출력하며, 또한 내용의 전개를 위한 질문을 관리할 수 있습니다.

27

성구
목록

성구 목록은 검색이나 다른 기능으로 걸러낸 성경 구절 목록을 관리하는 문서입니다. 솜씨 좋은 요리사 냉장고에는 손질해 놓은 재료가 있는 것처럼, 사용자의 목적에 따라 미리 검색한 성경 구절 목록을 저장하고 또 둘을 다양하게 합쳐서 또 다른 구절 목록을 생성하여 원하는 결과를 손쉽게 얻을 수 있습니다.

– 성구 목록 생성 –

먼저 성구 목록을 생성하는 1단계는 **추가**를 통해 목록을 만드는 일입니다. 다음과 같은 방법으로 성구 목록을 추가할 수 있습니다.

– 성구 목록 추가 –

❶ 한 구절씩 성경 구절 정보를 입력하여 추가합니다.

❷ 로고스는 다른 문서에 있는 성경 구절 형식을 인식할 수 있는 기능이 있습니다. 인터넷 문서나 관련 문서의 URL을 입력하면, 그 페이지에 있는 성경 구절을 자동으로 인식하여 목록을 생성합니다.[41]

❸ 성구 형식을 인식할 수 있기 때문에, 선택된 본문이나 다른 문서에서 복사한 클립보드 안의 내용, 그리고 파일에서도 성구를 불러올 수 있습니다. 또한 기존에 작성한 다른 성구 목록을 불러와 새로운 성구 목록을 생성하기도 합니다.

검색 결과 성구 목록으로 저장하기

그런데 실제로 많이 사용하고, 또 익숙하게 사용할수록 강력한(?) 효과를 발휘하는 방법은 검색한 결과를 바로 성구 목록으로 저장하는 것입니다.

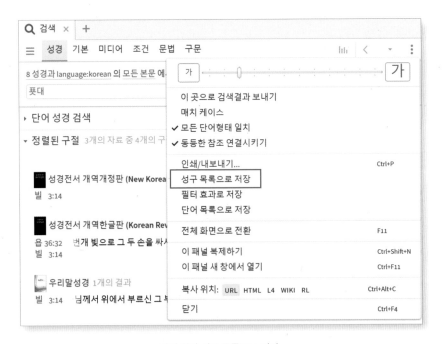

– 검색 결과 성구 목록으로 저장 –

---

41 인식률은 영어 사이트가 좋다. 그리고 장절 사이에 인위적으로 공백을 두거나, 변형적인 형식은 인식하지 못할 수도 있다.

성경 검색한 후에, 우측 상단의 패널 설정 메뉴를 실행하여, 성구 목록으로 저장하면 성구 목록을 생성할 수 있습니다. 여러 번역본의 성구를 함께 기록할 수 있고, 역시 저장된 성구 목록은 보다 정밀하게 다듬어 다른 성구 목록과 집합의 연산을 통해 원하는 성구 목록으로 발전시킬 수 있습니다.

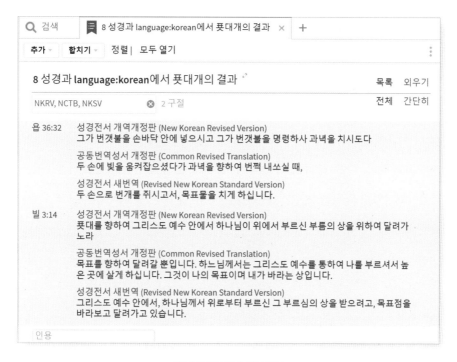

− 생성된 검색 결과 성구 목록 −

검색의 원리에 관한 부분에서 검색이란 '집합의 연산'이라는 말씀을 드렸습니다. 성구 목록 그리고 이어서 살펴볼 어휘 목록은 목록을 합치거나, 목록의 공통 항목으로 새로운 목록을 만들거나 하여 원하는 성구 목록, 어휘 목록을 만들 수 있습니다.

- 성구 목록의 합치기-

하나의 목록을 만들고, 다른 목록과 합치려면 "합치기"를 누릅니다. 1번에서 원하는 목록을 검색하여 선택하면 2번의 합치는 방법이 활성화됩니다. 네 종류의 벤 다이어그램 중 에 선택하면 그 방법대로 정리된 목록이 새로 생성됩니다.

28 어휘 목록[42]

성구 목록과 유사한 어휘 목록에 대해 살펴봅시다. 어휘 목록은 성경에 나오는 어휘들을 주로 헬라어, 히브리어 등 원어와 관련하여 정리하여 학습과 연구를 돕는 기능입니다. 프로그램 상으로 목록을 확인하고 다룰 뿐 아니라, 인쇄 출력하여 단어 암기 카드로 활용도 가능하기 때문에 이 문서를 잘 활용하면 학습에 적지 않은 도움이 됩니다.

– 새 어휘 목록 추가 –

어휘 추가 방법을 보면, 선택된 본문에서 그리고 전에 저장해 놓은 다른 단어 목록에서 항목을 불러올 수 있습니다. 목록을 표시하는 방식은 격자무늬와 카드 방식이 있습니다. 격자무늬는 마치 성경 검색의 '분석' 표시처럼 열제목을 위로 끌어 여러 조건으로 정리해 볼 수 있습니다. 또한 제목행을 오른쪽 마우스 단추로 클릭하여 표시 항목을 추가 삭제할 수 있습니다.

---

42 경우에 따라 "단어 목록"으로 표시되는 부분이 있음.

– 어휘 목록 조건 표시 설정 –

어휘 목록도 성구 목록과 동일하게 집합 연산을 통해 자신이 원하는 목록으로 정리할 수 있습니다. 예를 들어, 요한복음 목록을 정리하고, 공관복음 목록을 정리한 후 요한복음 목록에서 공관복음 목록을 빼면, 공관복음에는 나오지 않고 요한복음에만 나오는 단어를 정리하고 연구할 수 있습니다.

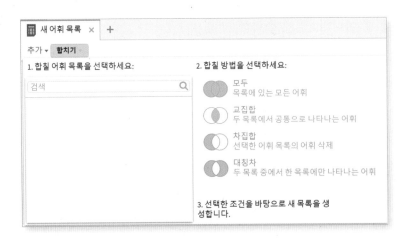

– 어휘 목록 합치기–

어휘 목록 카드

헬라어나 히브리어를 공부할 때, 단어 카드를 만들어서 익히면 단어 학습이 효과적입니다. 어휘 목록에서는 정리한 목록을 인쇄하여 카드로 만들 수 있습니다.

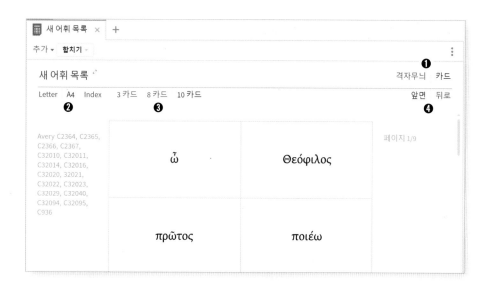

– 어휘 카드 만들기 –

❶ 표시는 카드 표시로 선택합니다.

❷ 카드가 인쇄될 종이 크기를 정합니다.

❸ 한 장에 몇 개의 카드가 인쇄되도록 할지를 정합니다.

❹ 앞면과 뒷면에 무엇이 인쇄되는지 확인합니다.

우측 상단의 패널 메뉴(세로 점 3)에서 인쇄와 내보내기에 관한 설정을 선택합니다.

– 카드 인쇄/내보내기 –

❶ 카드를 인쇄할 면을 설정하는데, 앞에는 원어, 뒤에는 뜻을 인쇄하려면 Both를 선택합니다.

❷ 인쇄되는 내용을 확인합니다.

❸ 용지 크기, 방향을 설정합니다.

❹ 종이로 인쇄하는 것이 아니라, 다른 프로그램에 내보내는 기능입니다. 엑셀을 이용할 경우 더욱 다양한 통계, 정리가 가능하고, 워드 프로그램으로 내보내면 다양한 편집이 가능합니다.

29

스크랩

신문 스크랩은 자신이 관심있는 주제에 관한 신문 기사만 오려서 모아 놓는 것을 말합니다. 마찬가지로 로고스의 스크랩은 자료를 읽다가 관심있거나 나중에 다시 읽도록 저장해 놓는 문서입니다. **문서 〉 스크랩**을 통해 스크랩 문서를 생성하여 원하는 이름을 붙여줍니다.

– 스크랩 문서 생성 –

스크랩 문서에 기사를 추가하는 방법에는 두 가지가 있습니다. 읽는 자료와 스크랩 문서를 함께 띄워 놓고, 스크랩 문서의 **스크랩 추가**를 눌러서 기사를 추가하거나 아래 그림과 같이 ❶ 자료를 보다가 원하는 부분을 선택하고, ❷ 오른쪽 마우스 단추를 클릭하여 표시되는 스크랩 문서에 추가를 선택하면 기사가 추가됩니다.

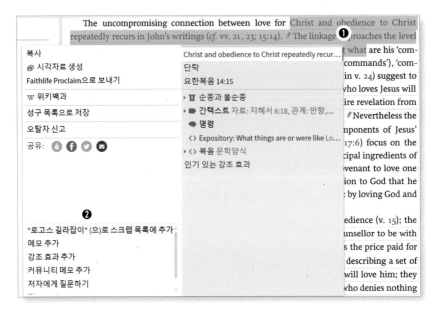

– 자료 읽으며 스크랩 추가 –

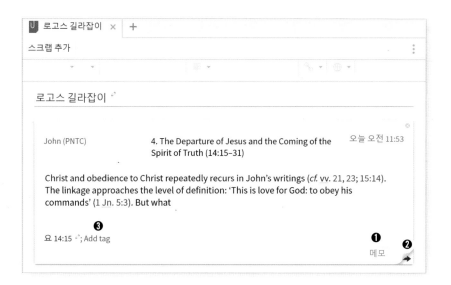

– 스크랩에 추가된 기사 –

추가된 기사는 위 그림과 같이 표시됩니다. ❶ 사용자가 원하는 내용을 더하여 메모하거나, ❸ 에서 검색을 위해 태그를 추가합니다. 성경 주석과 같이 성경 구절 정보가 있는 자료에서 스크랩했을 경우에는 왼쪽 아래와 같이 성경 구절 정보가 기록됩니다. 스크랩한 자료의 서지 사항을 보다 정확하게 확인하기 위해서는 기사의 맨 오른쪽 아래 끝으로 마우스를 가져가면 화살표가 표시되는 곳을 클릭합니다.

스크랩도 다른 문서와 마찬 가지로 공유할 수 있습니다. 그런데 스크랩한 자료를 공유한 다른 사용자가 가지고 있지 않다면, 그 자료에 대한 기사는 표시되지 않습니다.

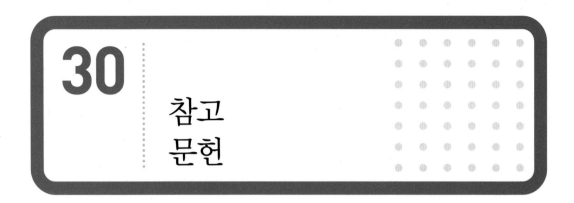

30

참고
문헌

참고 문헌 문서는 연구에 사용한 자료에 대한 서지 사항(bibliography)를 체계적으로 관리할 수 있습니다. 생성과 추가하는 방법은 다른 문서와 유사합니다. **문서 〉 새문서 〉 참고 문헌**을 선택하면 아래와 같이 창이 실행됩니다. 추가하는 방식은 다양합니다.

– 참고 문헌 추가 –

사용자가 로고스에서 현재 열어 놓는 모든 자료에 관한 서지 사항을 추가할 수도 있고, 기존에 생성한 컬렉션에서도 불러올 수 있습니다. 앞에서 살펴본 스크랩 문서에 담긴 기사의 원 자료들도 한 번에 불러옵니다. 검색 기록을 택하면 자신이 과거에 사용했던 자료 이력을 찾아서 해당 자료에 관한 서지 사항을 추가할 수 있습니다.

− 검색 기록 참고 문헌 추가 −

참고 문헌이 필요한 이유는 논문이나 기타 기사에서 정확한 인용과 참고 문헌을 표시해야 할 필요가 있기 때문입니다. 참고 문헌 문서에서는 자료를 정리하여 다양한 참고 문헌 방식으로 손쉽게 바꾸어 관리할 수 있습니다.

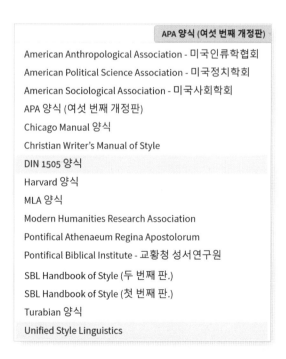

− 참고 문헌 방식 선택 −

31

캔버스

캔버스 문서는 성경 본문을 각 단어의 의미와 관계를 기호와 선, 정보를 사용하여 일목요연하게 보여주는 기능입니다. 구절 삽입에서 원하는 본문을 입력하면 캔버스에 사용자가 원하는 성경 구절을 추가할 수 있습니다.

– 캔버스 문서에 성경 본문 추가 –

캔버스 문서가 다른 마인드맵, 컨셉맵 프로그램과 다른 것은 성경 본문의 숨은 데이터를 활용할 수 있다는 점입니다. 단어를 선택하고 다양한 모양과 도형으로 강조할 수 있을 뿐 아니라, 아래 그림과 같이 ❶ 단어를 선택하면 그에 관한 ❷ 정보 카드를 추가할 수 있습니다.

– 캔버스 정보 카드 추가 –

– 캔버스 정보 카드 추가 –

캔버스 문서도 내가 작성한 문서를 공유할 수 있고, 공유 문서를 검색, 다운로드 받아 사용할 수 있으므로 다른 문서를 참고하여 본문을 정리하는 방법을 익히면 도움이 될 것입니다. 성경 본문에 대한 강조 많이 아니라, 필기, 기타 텍스트의 정리 등 다양한 작업이 가능합니다.

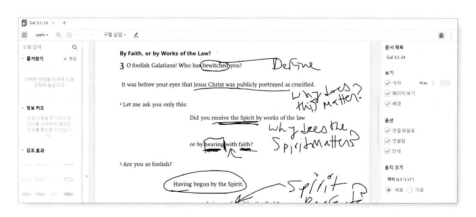

– Phil Gon이 작성한 Gal 3:3–14 공개 캔버스 문서 –

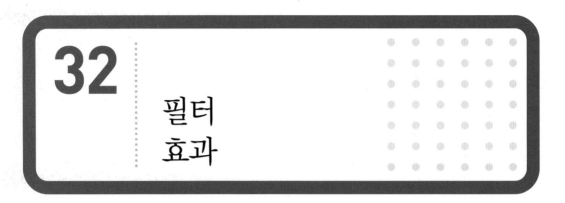

32 필터 효과

필터 효과 문서는 자료 본문 특정 부분에 미리 설정한 모양이 표시되도록 하는 기능을 관리하는 문서입니다. **검색 〉서식 선택 〉표시** 과정을 거칩니다. 강조 효과 도구에 있는 모양을 활용하게 되므로 도구 단원에 있는 강조 효과를 참고하시기 바랍니다. 예를 들어 모든 자료에서 jesus라는 단어가 나오면 노란색 윤곽을 갖도록 설정해 봅시다.

– 필터 효과 만들기 –

❶ 자료의 범위를 정합니다.

❷ 검색하여 필터 효과를 줄 부분을 설정하는데, 검색에도 종류가 있었듯이, 일반 자료, 성경, 문법을 가진 자료에 따라 선택을 달리합니다.

❸ 검색식을 이용하여 원하는 부분을 찾습니다.

❹ 원하는 서식 모양을 선택합니다. 기존에 만들어진 모양도 매우 다양하지만, 강조 효과 도구를 이용하면 새로운 모양을 만들어 추가할 수 있습니다.

필터를 표시하려면, 자료에서 필터가 표시되도록 설정되어 있어야 합니다. 본문 위 필터 효과를 나타내는 아이콘을 눌러 필터 효과를 표시하거나 표시하지 않을 수 있습니다.

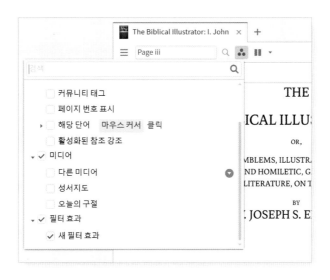

－ 필터 효과 표시 －

필터 효과가 자료에서 표시되도록 설정하면, 아래와 같이 자료에서 해당 부분이 필터 효과 문서에서 설정한대로 표시되는 것을 알 수 있습니다.

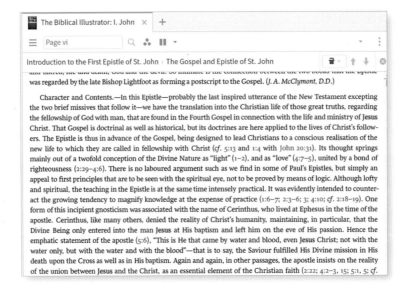

– 자료의 필터 효과 표시 –

필터 효과 문서에서 해당 강조 효과를 다른 모양으로 바꾸면 다른 모양으로 바뀌게 됩니다. 본
문에 강조 효과가 표시되는게 거슬린다면, 표시만 되지 하지 않기 위해서는 아래 그림에 나타
난 자료 위 아이콘 ❶을 클릭[43]하여 해당 문서를 해제합니다.

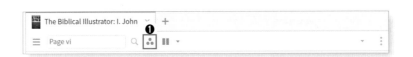

– 필터 효과 설정 메뉴 –

아예 문서를 삭제하거나, 문서의 해당 항목을 삭제하면 필터 효과 메뉴에서 해당 문서가 보이
지 않으며, 당연히 표시되지도 않습니다.

---

43 필터 효과 아이콘은 본문에 다양한 표시를 설정하는 기능이 있으므로, 프로그램 자체에서 본문의 구조나 정보를 나타내는 원치 않는
표시가 나타났을 경우, 먼저 필터 효과 설정을 살펴보고 해당 표시가 선택 됐다면 해제해 준다.

성경이나 문법 필터 효과 문서를 설정하면, 원어 학습과 성경 연구에 크게 도움을 받을 수 있습니다. 필터 효과는 여러 표시가 합쳐질 수 있습니다. 예를 들어 명사를 파란색 글씨로 표시하고, 주격을 굵게 표시하도록 한다면 주격 명사는 굵은 파란 글씨로 표시됩니다.

– 문법 필터링 효과 –

문법 사항을 검색할 때는 **@**를 입력하면 전개되는 상자를 이용하여 선택하면 됩니다.

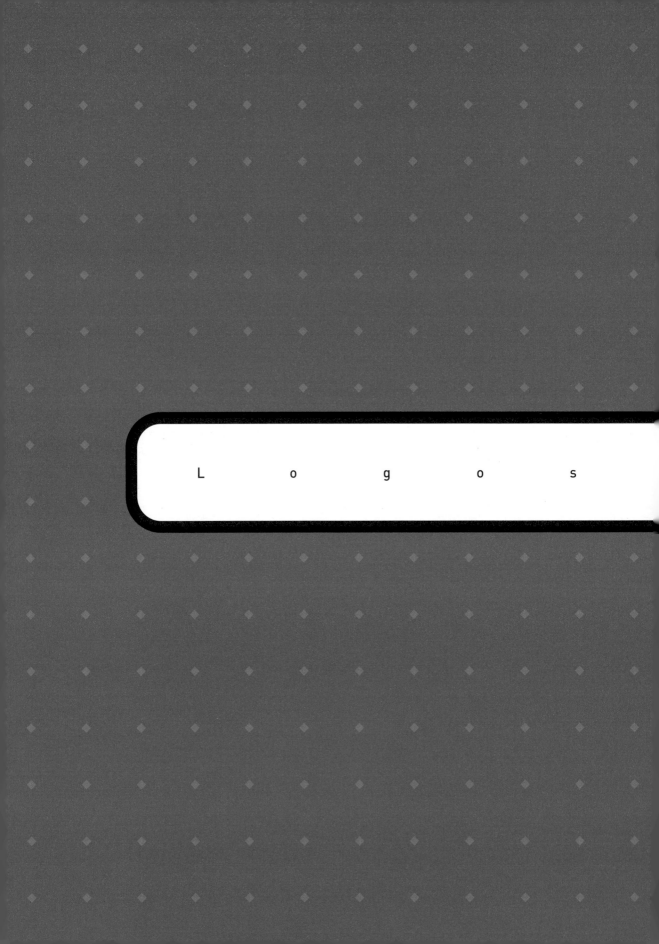

Logos

PART 07

도구

도구

도구는 성경과 기타 자료를 연구하는데, 도움을 줍니다. 도구, 문서, 검색이 완전이 구분되지 않고 반복되는 경우도 많기 때문에, 이미 다른 단원에서 살펴본 내용도 적지 않습니다. 특히 문서와 도구는 중복되는 기능이 많습니다. 저장하여 관리할 수 있다는 측면에서는 문서이고, 기능면에서는 도구라고 할 수 있기 때문입니다.

– 로고스 도구 –

바로 가기 아이콘 도구

먼저 위에 표시된 도구를 살펴봅시다. 로고스에서는 일반적으로 많이 사용하는 도구를 위에 따로 큰 아이콘으로 표시하였습니다.

33

강조
효과

흔히 아날로그 연구 방식을 좋아하는 분들은 장점으로 책에 줄을 긋고 강조할 수 있다는 점을 듭니다. 로고스가 제공하는 **강조 효과** 도구는 그러한 줄긋기와 강조 기능입니다. 상당히 다양한 펜을 제공하고, 사용자가 원하는 강조 효과를 따로 제작할 수도 있습니다.

강조효과는 다음과 같이 단색, 형광펜, 강조효과 스타일, 귀납적 교훈 항목 아래에 수십 종의 다양한 효과를 제공합니다.

강조 효과는 사용자가 성경이나 다른 자료를 읽으면서 펜처럼 직접 표시해도 편리하지만, 검색을 이용해서 해당 검색 결과를 표시할 수도 있습니다. **문서 〉 필터 효과**가 바로 그런 기능입니다. 필터 효과는 사용자가 원하는 색상이나 모양을 만들어 사용하면 더욱 편리합니다. 강조 효과와 필터 효과는 함께 익혀야 함으로 두 부분을 함께 살펴봅시다.

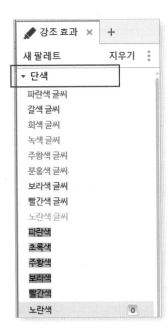

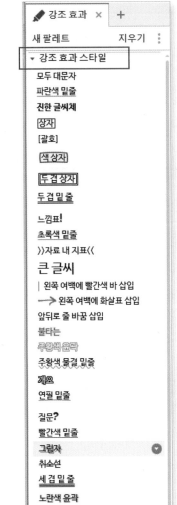

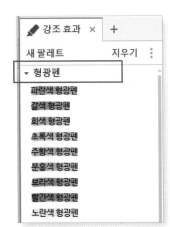

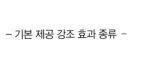

– 기본 제공 강조 효과 종류 –

강조 표시 칠하기

자료에서 **원하는 부분을 선택하고 ❶ 오른쪽 마우스 버튼 클릭하여 선택 확인한 후 ❷ 강조 효과 선택**하면 원하는 모양으로 강조효과를 구현할 수 있습니다.

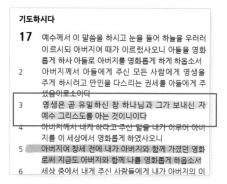

다른 모양으로 칠하려면, 강조 효과 도구에서 원하는 모양을 선택하고 같은 방법으로 강조 효과를 줍니다. 한 가지 주의할 점은 강조 표시는 이중으로 칠해질 수도 있습니다. 오른쪽 3절은 노란색과 분홍색을 모두 칠한 것입니다.

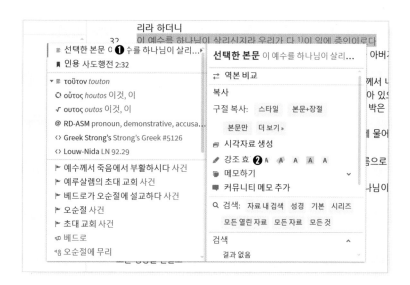

강조 표시 다른 모양으로 바꾸거나 지울 때

예를 들어 빨간색 밑줄을 노란 형광색 펜으로 바꾸거나 빨간색 밑줄은 전부 지우는 방법입니다. 강조 효과의 원하는 모양으로 마우스 포인터를 이동하면 역삼각형 모양이 나타나는데 그것을 클릭합니다. 나열 항목 중에 "각주 스타일 다시 변경"을 선택합니다.

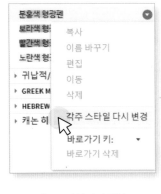

– 각주 스타일 다시 변경 –

표시되는 상자에서 ❶ **강조 효과 없음**을 선택하면, 해당 효과가 모두 지워지고, ❷ 아래에 나열되는 모양 가운데 변경할 모양을 선택하면 해당 강조 효과로 모양이 변경됩니다.

새로운 강조 효과 추가

강조 효과 모양을 생성하기 위해서는 효과적으로 관리하기 위해 먼저 강조 효과 모음이라 할 수 있는 팔레트를 생성합니다.

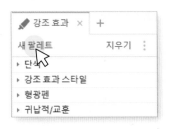

– 새 팔레트 생성 –

팔레트를 생성하면, **무제**로 만들어 집니다. 원하는 이름을 붙이고 이곳에 원하는 강조 효과 스타일을 추가합니다.

– 이름 바꾸기와 새로운 스타일 추가 –

새로운 스타일 추가를 선택하면 편집 도구를 활용해 원하는 스타일을 생성할 수 있습니다. 단지 색상을 바꾸는 정도를 넘어 선을 추가하거나 상하좌우에 글자를 입력이 가능하므로, 다양한 스타일을 만들 수 있습니다.

강조 효과와 필터 효과의 문법 검색을 이용한 기능을 활용하면 아래와 같이 문법 사항에 따라 다른 모양을 가지도록 편집이 가능합니다. 본문에 이러한 효과를 표시하거나 지우려면, 자료 위에 있는 ⁝⁝ 아이콘을 활용합니다.

– 문법에 따른 필터링 효과 예시 –

– 새로운 스타일 편집 –

34

메모
Note

메모는 자료에서 사용자가 원하는 위치나 특정 표현에 내용을 추가합니다. 강조 효과가 원하는 곳에 정해진 모양을 반영했다면, 메모는 내용을 추가합니다. 메모와 강조 효과는 비슷한 요소가 많기 때문에 함께 다루어야 할 때가 많습니다. 메모를 추가하는 방법에는 크게 두 가지가 있습니다. 먼저 자료 본문에서 상황 메뉴를 이용해 추가합니다.

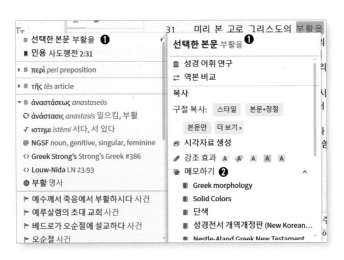

－상황 메뉴 메모 추가－

자료에서 원하는 본문을 선택하고 오른쪽 마우스 단추를 눌러 상황 메뉴를 실행합니다.

❶ 원하는 부분이 선택되었는지 확인합니다.

❷ 기능 실행 메뉴 중에 메모 추가를 선택합니다. 아래에 강조 효과와 여러 사람과 메뉴를 공유하기 위한 커뮤니티 메모도 확인할 수 있습니다.

– 메모 설정 –

❶ 어느 부분에 메모가 첨부되었는지 보여줍시다.

❷ '앵커 텍스트'는 메모가 첨부된 본문을 뜻합니다. 다른 본문에도 동일 메모가 연결되도록 할 때 사용합니다.

❸ 메모의 내용을 추가합니다.

❹ 메모 작성하는 편집 도구입니다.

❺ 지금까지 자신이 작성한 메모 표시 방법을 선택합니다.

❻ 메모를 필터링하여 표시하거나 자료에 따라 표시하는 방법을 설정합니다.

❼ 직접 단어를 입력하여 관련 메모를 표시합니다.

메모 첨부 위치를 추가로 설정합니다. 메모는 자료의 위치
(참조), 또는 본문의 특정 표현에 첨부할 수 있습니다.

메모를 첨부하면, 아래와 같이 첨부되었다는 표시가 나타납니다.[44] 표시가 많으면 읽는데 방해
가 될 수 있으므로 위 그림처럼 자료의 위의 메뉴 아이콘을 선택하여 메모 표시 여부를 선택합
니다.

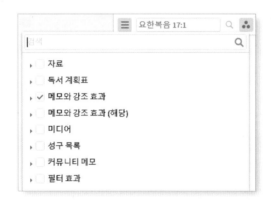

– 메모와 강조 효과 표시 –

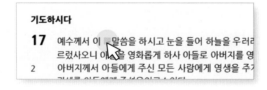

– 메모 첨부 표시 –

---

44 표시 모양은 메모 설정 창에서 선택할 수 있다.

35

미디어

로고스는 사용자가 자료 안에서 정보를 찾는 기능만 아니라, 찾은 자료를 정리하고 내보내는 도구도 발달되었습니다. 전문적인 학자가 아닌 목회자, 사역자, 교사의 경우 어쩌면 이런 기능이 더 중요합니다. 자료 본문의 원하는 부분을 적절한 프리젠테이션 자료로 편리하게 만들도록 도와주는 도구가 **미디어** 도구입니다.

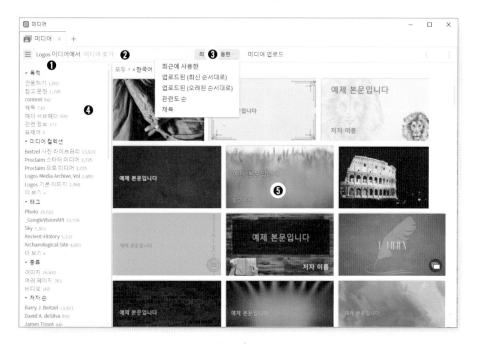

– 미디어 도구 –

❶ 미디어를 찾을 위치 선정

❷ 자료를 찾을 이름이나 주제 등을 입력

❸ 자료 정렬 방법 선택

❹ 주제, 종류에 따라 자료 필터링

❺ 자료 표시

원하는 종류, 주제 등을 선정하여 점점 미디어를 좁혀 적절한 자료를 선택합니다. 아래 그림을 보면 ❶ 자료를 찾는 과정과 ❷ 그 결과 표시된 자료를 확인할 수 있습니다. 아래는 '사랑'에 관한 자료를 찾은 결과입니다.

− 미디어 자료 찾기−

완성된 자료가 아니라, 아래와 같이 추가 편집을 위한 배경 자료를 자신이 원하는 내용으로 미디어를 생성할 수 있습니다. 내용, 폰트 등을 편집하는데 폰트는 로고스가 제공하는 폰트를 사용해야 합니다. 조금 더 자유롭게 편집하여 사용하려면, "다음으로 보내기"를 이용하여 배경만 파워포인트나 키노트 등으로 보내어 편집하면 됩니다.[45]

– 미디어 편집 –

---

[45] 아무 내용을 입력하지 않고, 내보내면 "예제 본문입니다"라는 표현이 그대로 그림 속에 들어가서 자료가 만들어지므로, 내용을 입력하는 곳에 공백을 넣어야 글자가 없는 배경만 활용할 수 있다.

36

성경
백과

성경 백과는 인물이나 사건, 사물 등 성경에서 알고 싶은 항목이 있을 때 쉽게 찾아보는 도구입니다. 화면 구성을 통해 성경을 읽을 때, 본문과 함께 배치해도 매우 편리합니다. 로고스의 방식대로 한 가지 내용을 찾을 때에 관련 자료들을 정리하여 일목 요연하게 보여줍니다.

성경 백과에서 내용을 찾을 때에도, 검색어를 입력한 후에 로고스에 표시되는 사항을 잘 확인하면 더 정확한 결과를 얻을 수 있습니다. 단어 옆에 표시되는 아이콘에 유의하세요.

예를 들어, "가인"이라고 입력했을 때, 자세히 살펴보면 사람 이름, 지명, 주제, 사건이 다양하게 표시됩니다. 이 중에 원하는 항목을 정확히 선택해야 합니다.

특정 인물과 관계된 사건을 살펴보거나, 장소와 관계된 인물 등 복합적으로 정보를 제공해 주기 때문에, 단순한 성경 검색 보다, 실제 사용에 있어 성경 백과가 훨씬 편리할 때가 많습니다.

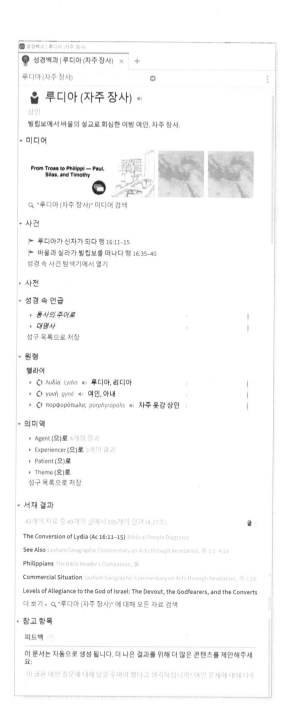

– 성경 백과 검색의 예 –

– 성경 백과 검색 결과 –

37

성서
지도

성경 프로그램을 이용하는 이점 중의 하나는 종이 지도보다 지리 정보를 얻기가 훨씬 수월하다는 점입니다. 등고선, 축적을 계산하지 않아도 편리하게 정보를 파악할 수 있습니다. 로고스의 지도도 이러한 장점을 유감없이 발휘합니다. 지도를 열려면 성경 본문을 읽으며 상황 메뉴를 이용하거나 **도구 〉 성서 지도**를 따로 도구를 찾아 이용하는 방법이 있습니다.

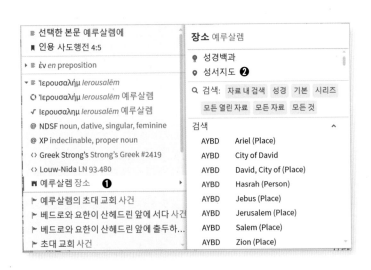

– 상황 메뉴 지도 찾기 –

본문을 읽다가 지명과 관련된 부분이 나오면 오른쪽 마우스 단추로 상황 메뉴를 엽니다. 그 중 ❶ 지명 아이콘이 있는 항목을 선택하고 오른쪽에서 ❷ **성서 지도**를 엽니다. 여기서도 성문 모양이 있는 아이콘에 주목해 봅시다. 장소를 나타내는 단어 옆에는 위 그림처럼 성문 모양 아이콘이 있습니다.

− 예수님 당시의 예루살렘 지도−

❶에서 해당 지명이 나오는 주제를 선택하고 ❷ 지도를 확인합니다. ❸ 구체적인 지명을 확인하고 해당 부분에 마우스 포인터를 이동하면 간단한 설명과 성경 전체 어느 부분에 많이 나왔는지 스파크 라인으로 표시합니다.

– 지명 추가 정보 –

– 장소의 구체적인 지리 정보 –

그리고 오른쪽 마우스 단추를 클릭하면 추가 정보가 표시됩니다. 로고스에서는 Google이나 Bing 지도를 열어서, 현재 그 장소의 상황을 바로 확인할 수 있습니다.

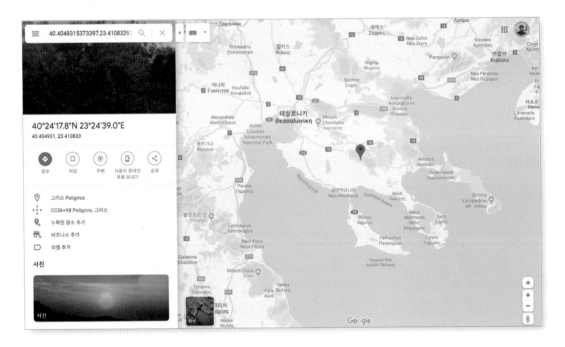

– 인터넷 지도 실행 (빌립보) –

두 장소 사이의 거리를 측정하려면 한 곳에서 다른 곳으로 Ctrl을 누른 상태에서 드래그합니다.

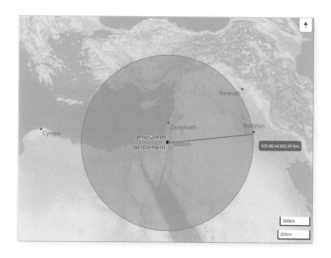

– 지도에서 거리 측정 –

지도는 **도구 〉 성서지도**에서 열거나 **도구 〉 성경백과**에서 지명을 검색한 후에 미디어에서도 실행되며, 한글로 지명을 입력해도 검색할 수 있습니다.

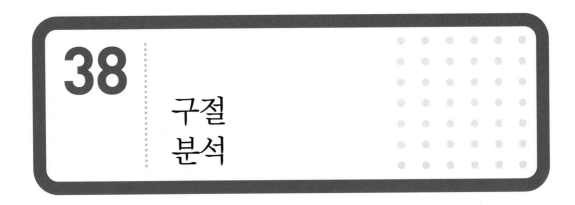

38

구절
분석

구절 분석은 성경 본문 범위를 정하여 그 내용을 분석하고 일목요연하게 보여주는 기능입니다. 구절 분석의 분석 표시 방법에는 다음 다섯 가지가 있습니다.

– 구절 분석 다섯 가지 방법 –

문단 비교

문단 비교는 성경의 문단 구분을 자료에 따라 비교하는 기능입니다. 본문 내용을 이해하는데 문단(pericope) 구분은 매우 중요하기 때문에, 다양한 자료를 통해 여러 시각을 확인하여 본문 이해에 도움을 얻을 수 있습니다.

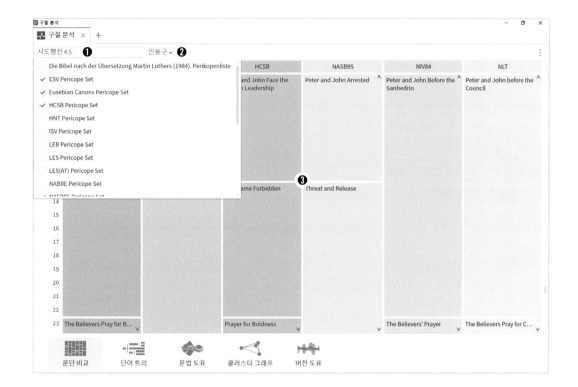

– 문단 비교 –

❶ 문단을 확인하려고 하는 성경 구절을 입력합니다.

❷ 문단 구분을 표시할 자료를 선택합니다.

❸ 여러 자료의 구분이 비교되어 나옵니다.

단어 트리

단어 트리는 특정 단어를 중심으로 해당 본문 구성이 어떻게 이루어지는지 살펴보는 기능입니다.

- 구절 분석의 단어 트리 -

❶ 성경 구절을 입력합니다.

❷ 정렬 중심이 될 단어를 입력합니다.

❸ 정렬 방식을 선택합니다.

❹ 성경 번역을 선택합니다.

❺ 정렬 방향을 정합니다.

❻ 설정한대로 단어 트리가 그려집니다.

문법 도표

문법 도표는 정한 범위의 본문에서 문법의 변화의 추이가 어떻게 이루어지는지 도표(diagram)로 보여주는 기능입니다.

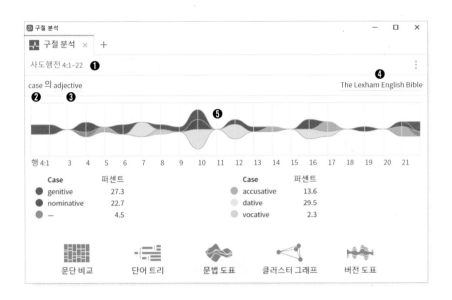

❶ 분석하기 원하는 성경 구절 입력

❷ 분석의 기준 설정(품사를 설정하면, 그에 따라 선택 사항이 바뀜)

❸ 분석할 품사를 설정[46]

❹ 분석할 성경을 설정, 여기에서는 문법 태그를 가지고 있는 성경만 선택할 수 있다.

❺ 해당 본문의 문법 사항 추이가 어떻게 되는지 표시한다. 아래에는 구체적인 데이터가 표시

된다.

---

46 여기에서도 프로그램 번역의 어려운 점이 드러난다. 영어의 of를 "의"로 옮기다 보니 순서가 뒤바뀌었다. 분석의 대상은 형용사를 격으로 추이를 살펴보는 것이다. 하지만 한국어 표현만 보면 격을 형용사로(?) 살펴보는 듯이 보인다.

클러스터 그래프

클러스터(cluster)는 사전적으로 무리, 송이라는 뜻입니다. 여러 번역본을 비교하여 표현이 비슷할수록 가까이 위치하도록 그래프를 작성하여 표시하는 것이 클러스터 그래프입니다. 성경 본문 범위와 번역을 선택하여 유사성을 비교할 수 있습니다.

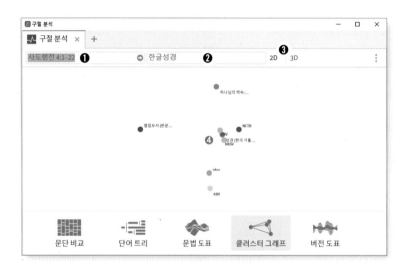

– 클러스터 그래프 –

❶ 성경 본문 범위를 선택

❷ 비교할 번역을 선택, 주로 컬렉션으로 비교하게 된다.

❸ 그래프를 그리는 방식 평면(2D)과 입체(3D) 방식을 선택할 수 있다.

❹ 각 성경 번역이 유사성에 따라 배치된다. 위의 그래프를 보면 개역과 개역 개정이, 그리고 공동번역, 새번역, 가톨릭 성경이 각각 유사도가 높음을 알 수 있다.

버전 도표

버전 도표도 번역을 비교한다는 점에서는 유사합니다. 하지만 전체적인 흐름을 본다는 면에서 차이가 있습니다. 실행하는 방법은 마찬가지로 성경 본문을 정하고, 번역을 비교할 컬렉션을 선택해 주면 됩니다.

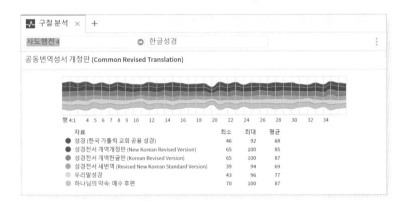

– 버전 도표 –

참고 문헌 도구로 분류된 항목을 살펴 봅시다.

39

강의

로고스 자료 중에는 도서 종류만 아니라, 동영상을 통한 강의 자료가 있습니다. 이 강의 자료를 통해 세계적인 신학자들의 강의(물론 아직까지는 영어)를 수강할 수 있습니다. 한글로 된 강의로는 Logos 7과 Logos 8 Basic에 수록된 저의 로고스 시작하기 강의가 있지요. 얼마나 수강하였는지 관리하고, 또 자신이 보유한 강의를 찾는데 도움을 주는 도구가 **강의**(Course)입니다.

로고스의 다른 자료와 도구에서 볼 수 있었던 필터링의 방식으로 원하는 강의 자료를 찾아가게 되며, 한 번 시작한 강의는 이곳에서 진도를 표시하여 얼만큼 공부하였는지 관리할 수 있습니다.

– 강의 –

40

독서
목록

독서 목록은 특정한 주제를 연구하기 위해 유용한 자료, 읽을 만한 도서 목록을 보여주는 도구입니다. 아래 독서 목록을 보면, 왼쪽 독서 목록에서 제목을 선택하면, 오른쪽에서 볼 수 있듯이 그에 대한 구체적인 자료 목록이 나열되고 자신이 그 부분을 읽었는지 확인하고 관리할 수 있습니다.

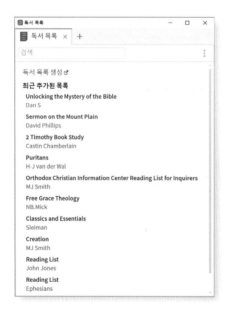
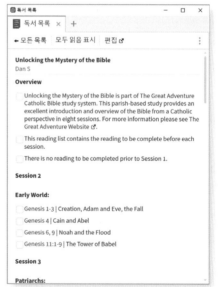

– 독서 목록 –

41

성경 어휘 사전

조금 더 정확히 말하자면, 단어의 어감, 의미를 살펴보는 기능입니다. 어떤 분류에 속하는 단어인지 관계를 보여주며, 해당 단어를 성경에서 검색하거나 관련 주제를 살펴볼 수도 있습니다. 보다 넓은 개념에서 어떤 위치를 차지할 수 있는지를 알 수 있기 때문에, 정확한 어감을 파악하는데 매우 유용합니다.

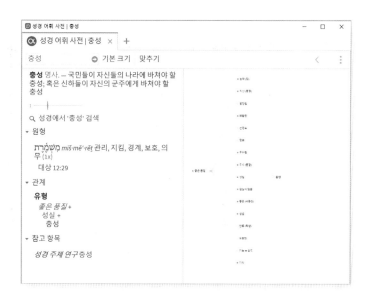

– 성경 어휘 사전 –

42

성경 탐색기

사용자가 성경을 연구하는데, 원하는 성경 구절을 찾는 일은 매우 중요합니다. 그렇기 때문에 검색 프로그램이 이토록 발달한 것이지요. 원하는 단어나 표현을 찾기 위해서 복잡한 검색식이 필요하기도 했습니다. **성경 탐색기**는 조금 다른 방식으로 원하는 성경 내용을 찾아주는 도구입니다. 원하는 조건으로 하나씩 초점을 맞추어 좁혀 나가는 방식으로 원하는 성경 본문을 찾습니다. 아래 그림을 보면서 사용 방법을 알아봅시다.

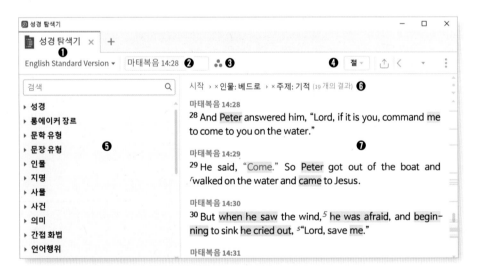

– 성경 탐색기 –

❶ 성경 번역 설정에서는 표시할 성경 번역을 설정합니다.

❷ 성경 구절을 이동합니다.

❸ 필터링 효과를 설정합니다.

❹ 표시하는 방식을 설정합니다. 한 구절씩 보거나, 내용을 파악할 수 있도록 조금 더 넓은 범위를 볼 수 있는 '발췌'를 선택합니다.

❺ 성경 본문을 찾아 나갈 조건입니다. 클릭하여 선택하거나 검색하여 선택할 수 있습니다.

❻ 어떤 필터링 과정을 거쳐서 아래 성경 구절을 보여주는지 표시합니다. 위 그림의 과정은 베드로가 관련된 기적을 살펴보았는데, 총 19개의 결과를 찾을 수 있었습니다.

❼ 결과물을 성경 구절로 보여줍니다.

본문 표면상의 내용만 아니라 태그를 이용하여 필터링하므로 인물, 장소, 사건이 직접 언급되지 않은 대명사나 다른 이름이나 비유로 지시되었을 때도 탐색하므로 효과적으로 사용할 수 있습니다.

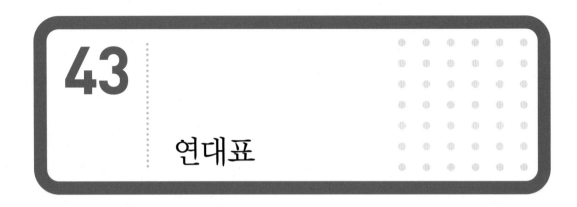

43

연대표

로고스의 연대표는 기본적으로 1만7천 건 이상의 성경과 교회사의 사건을 보여주며, 디자인 방식을 바꾸어 표시할 수도 있어서 시대적 배경을 편리하게 연구할 수 있습니다.

– 로고스 연대표 –

❶ 디자인 양식을 바꿔줍니다. 8가지 양식을 선택할 수 있습니다.

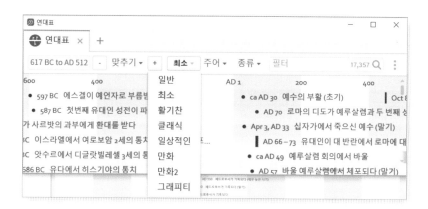

– 연대표 디자인 양식 –

❷ 시대 범위를 조정합니다.

❸ 연대표 주제를 선택합니다.

❹ 표시되는 사건 종류를 선택합니다.

❺ 원하는 인물, 사건을 검색하여 1만 7천여 건의 항목 중에 걸러서 필터링합니다.

연대표는 성경 연구와 교회사 연구에 있어서 배경을 이해하는데 도움을 주는 도구입니다. 성경 속 사건과 세계사 사건의 연결, 그리고 사건의 전후 관계, 선지자가 활동한 시대 등 다양한 내용을 확인할 수 있습니다.

44

용어 색인
concordance

용어 색인 도구는 자료의 단어를 성구 사전처럼 정리해서 보여줍니다. 성경만 아니라 다른 자료도 용어 색인을 통해서 일종의 '색인'을 만들 수 있습니다. 단순한 본문에 나오는 단어 형태만 찾아주지 않고, 데이터가 있을 경우 원형이나 기타 내용 기준으로도 정리할 수 있습니다. 또한 본문에서 인용한 내용도 정리할 수 있기 때문에, 특정 신학자가 인용한 성경 구절을 정리하여 손쉽게 연구할 수 있습니다.

– 용어 색인 –

❶ 용어 색인을 원하는 자료를 선택합니다.

❷ 해당 자료에서 색인을 진행할 범위를 정합니다. 성경의 경우 성경 구절의 범위를 정할 수 있습니다.

❸ 단어, 원형 등 용어 색인 방법을 선택합니다. 자료가 가지고 있는 데이터 태그의 자료에 따라 선택 사항이 달라집니다.

❹ 빈도수에 따라 정리할 용어를 정할 수 있습니다. 예를 들어 성경에 100번 이하 나오는 단어를 정리하고 싶다면, 1과 100을 입력합니다.

❺ 자료가 가지고 있는 구분과 데이터에 따라 분류하는 곳입니다. 문법 태그를 가지고 있는 자료에서는 품사를 한정시켜 색인하기도 합니다.

❻ 색인을 정렬하는 방식을 가나다 순, 빈도수 순 등으로 선택할 수 있습니다.

❼ 정리된 단어들이 나열됩니다.

❽ 왼쪽 앞에 있는 화살표를 펼치면 구체적인 용례를 확인할 수 있습니다.

용어 색인은 자료의 성격과 가지고 있는 정보의 종류를 파악할 때 보다 전문적으로 사용할 수 있습니다. 특별히 빈도수(조회수)를 다룰 수 있기 때문에 원어 학습에 큰 도움을 주며, 자료에서 인용된 참조를 검색 정리할 수 있기 때문에, 해당 자료에 영향을 미친 다른 자료를 연구하는 데에도 유용합니다.

검색으로 분류한 도구에 대해서 알아봅시다.

45

발음

발음은 성경에 나오는 원어, 즉 히브리어, 헬라어, 아람어 등의 단어 발음을 확인할 수 있는 기능입니다. 원하는 단어를 입력하거나 선택한 후 발음을 확인합니다. 물론 발음을 확인할 수 있는 자료를 사용자가 가지고 있지 않을 때에는 이 도구를 사용할 수 없습니다.

– 발음 –

46

인용문
검색

해당 자료를 인용한 곳이 어디인지 찾아보는 도구입니다. 예를 들어, 특정 성경 구절을 인용하여 설명하거나 다루고 있는 자료가 어디인지 살펴봅니다. 아래 그림은 시 120:5–6에 대하여 인용한 자료를 검색한 화면입니다. 특정 성경 구절에 대해 설명하고 있는 사전, 주석, 기타 자료를 찾으려고 할 때 편리하게 사용할 수 있습니다.

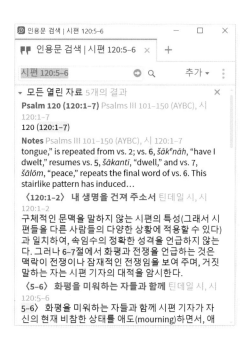

– 인용문 검색 –

자동 검색

자동 검색은 상황 메뉴를 통해 이용할 수 있는데, 본문에서 찾기 원하는 표현을 오른쪽 마우스 단추를 이용한 상황 메뉴를 실행하여, 그에 해당하는 내용을 사전에서 자동으로 찾아볼 수 있습니다. 단어에 대해 원어 사전이나, 분해 사전 등을 손쉽게 찾고 비교합니다.

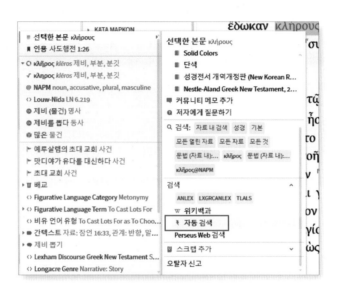

– 자동 검색 실행 –

– 자동 검색 결과 –

다음으로 **서재**로 분류된 도구에 대해 알아 봅시다.

47

검색
기록

사용자가 실행한 기능이나, 찾아본 자료 이력을 보여주는 곳입니다. 아래 그림에서 볼 수 있듯이, 실행 기능이나 살펴본 구절, 내용이 짙은 글씨로 표시되고, 자료가 흐릿한 글씨로 나타납니다.

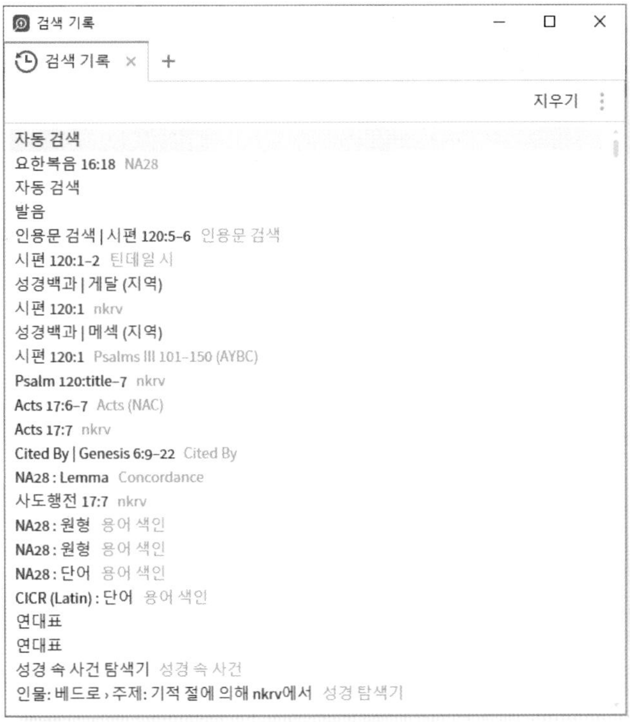

검색 기록 × +

지우기 ⋮

자동 검색
요한복음 16:18 NA28
자동 검색
발음
인용문 검색 | 시편 120:5–6 인용문 검색
시편 120:1–2 틴데일 시
성경백과 | 게달 (지역)
시편 120:1 nkrv
성경백과 | 메섹 (지역)
시편 120:1 Psalms III 101–150 (AYBC)
Psalm 120:title–7 nkrv
Acts 17:6–7 Acts (NAC)
Acts 17:7 nkrv
Cited By | Genesis 6:9–22 Cited By
NA28 : Lemma Concordance
사도행전 17:7 nkrv
NA28 : 원형 용어 색인
NA28 : 원형 용어 색인
NA28 : 단어 용어 색인
CICR (Latin) : 단어 용어 색인
연대표
연대표
성경 속 사건 탐색기 성경 속 사건
인물: 베드로 › 주제: 기적 절에 의해 nkrv에서 성경 탐색기

– 검색 기록 –

48

즐겨
찾기

인터넷의 즐겨 찾기처럼, 자신이 자주 사용하는 기
능이나 자료를 저장해 놓고 활용할 수 있습니다.

❶ 원하는 부분을 추가하거나
❷ 폴더를 생성하여 여러 즐겨 찾기를 관리합니다.

로고스는 인터넷 기반의 프로그램임을 여러 차례
확인했습니다. 자신이 사용한 기록만 인터넷을 통
하여 동기화하는 것이 아니라, 블로그를 이용해 새
로운 소식을 듣고 또 자신이 생성한 문서를 공유할
수도 있습니다. 그에 해당하는 도구가 '소셜'에 분
류됩니다.

- 즐겨 찾기 -

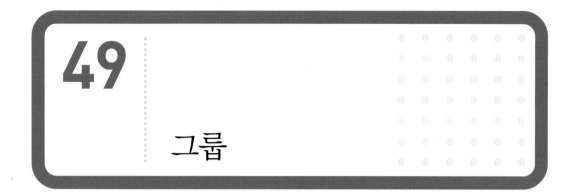

49

그룹

자신이 가입하거나 관리하는 그룹에 게시된 내용을 확인할 수 있습니다.

50

커뮤니티
메모

사용자가 작성한 메모의 내용을 소셜 그룹의 커뮤니티에서 공유하도록 돕는 도구입니다. 로고스 블로그 등을 이용해 메모를 공유할 수 있습니다. 아래 그림을 보면, 가입한 커뮤니티에 따라 새로 올라온 내용을 확인합니다. 흐릿한 숫자는 그곳에 있는 포스팅 숫자를 나타냅니다.

나머지 **도구**로 분류된 도구를 살펴봅시다.

- 커뮤니티 메모 -

51

사용자
도서

로고스에는 사용자가 생성한 도서를 추가할 수 있는 기능이 있습니다. MSWord 파일을 이용해서 자료를 설치하게 되는데,[47] 자료의 종류나 기타 사항을 입력하여, 로고스가 제공하는 다른 자료와 마찬가지로 검색할 수 있습니다. MSWord 파일로 정리된 자료를 사용자 도서 도구를 이용해 로고스에 설치합니다. 그런데 사용자 도구를 적극 권장하지 않는 이유는 사용자가 생성한 파일을 통해 로고스 프로그램 자체에 문제를 일으킬 수도 있다는 점과 소유권을 가지고 있지 않은 자료에 대한 무분별한 저작권 침해가 이루어지기도 하기 때문입니다. 이에 대한 책임은 전적으로 사용자에게 있습니다.

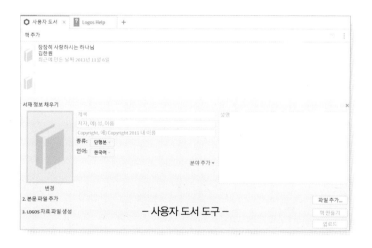

– 사용자 도서 도구 –

---

47 보다 자세한 내용은 Logos Help File의 "Personal Books Syntax"를 참조하라.

Logos

PART 08

인터랙티브 미디어

인터랙티브 미디어란?

인터랙티브 미디어는 우리말로 미디어라고 합니다. 사용자가 어떤 지시를 내림에 따라서 자료 자체의 표시가 바뀌는 특성을 가지고 있습니다. 로고스는 이 인터랙티브 미디어가 발달되어 있어서 고정된 자료가 표현하가 어려운 내용을 사용자에게 제공하고 있습니다. 정보와 그래픽을 함께 제공하는 인포그래픽(Infographic)의 특성[48]과 원하는 자료를 효과적으로 표시하는 상호 반응 자료는 디지털 자료의 장점을 유감없이 보여줍니다.

인터랙티브 미디어는 상단 메뉴의 도구 아래에서 찾을 수 있고, 또한 서재에서 자료를 찾을 때 "type:interactive" 명령을 내려서 검색할 수 있습니다.

※ 아래는 창조에 대한 인포그래픽 자료

---

[48] 로고스는 인터랙티브 자료 외에도 인포그래픽 자료를 포함하고 있다. 서재에서 "Infographic"을 검색하면 십여 종의 인포그래픽 자료를 찾을 수 있다. 또한 인터랙티브 자료와 인포그래픽 자료는 서로 연결되어 있는 경우도 있다.

52

Ancient
Inscriptions

고대 비문을 찾아보는 자료입니다. 아래 그림에서 ❶ 비문을 선택하면 ❷에서 지도가 해당 위치로 이동하고 비문에 대한 정보를 보여줍니다.

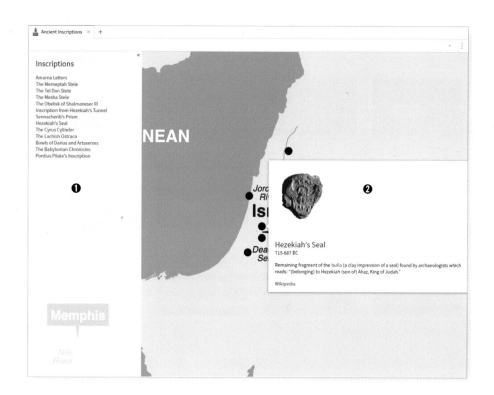

53

Before and After: Biblical Sites

성경 속 장소의 예전 모습과 지금 현재 모습을 비교해 보는 도구입니다. 이 도구를 제작하는데
전직 헐리우드 특수 효과팀에서 일했던 분들이 참여했다고 합니다.

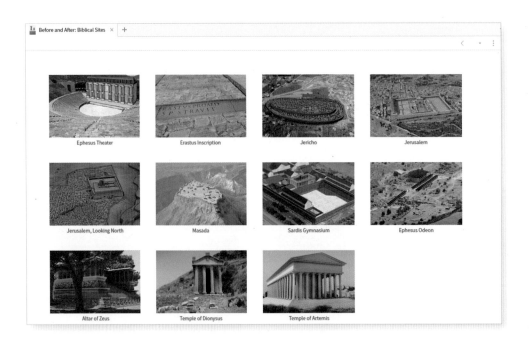

– 제공 장소 –

아래는 에베소 극장의 이전과 이후 모습입니다. ❶ 장소에 대한 설명, ❷ 이전 모습, ❸ 손잡이를 좌우로 옮기면 이전과 이후 모습을 비교할 수 있습니다. ❹ 현재 모습 ❺ 현재 모습에 덧씌운 이전 모습을 흐릿하게 설정하여 비교할 수 있습니다.

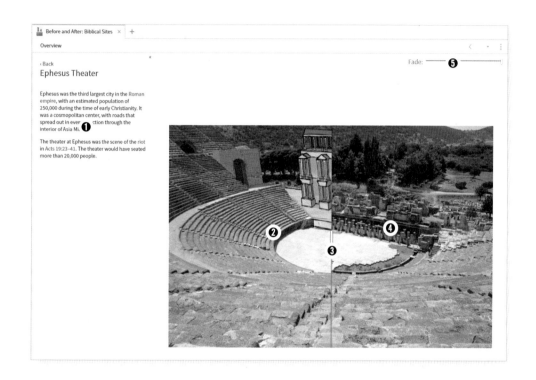

– 에베소 극장 이전과 이후 –

54

Bible Outline Browser

성경 개요를 원하는 본문에서 확인 비교할 수 있는 자료입니다. 문단 구분과 확인할 수 있습니다.

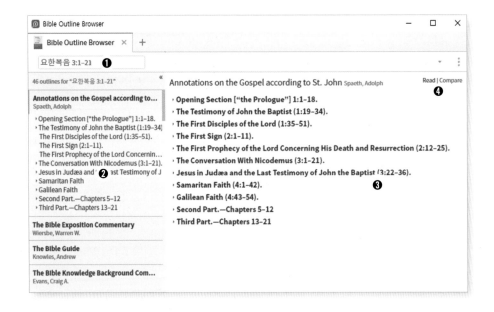

– 성경 개요 탐색기 –

❶ 성경 본문을 입력합니다.

❷ 자료별로 정리된 개요를 확인합니다.

❸ 선택한 자료의 개요를 읽거나 비교합니다.

❹ 읽기, 비교 모드를 서로 전환합니다.

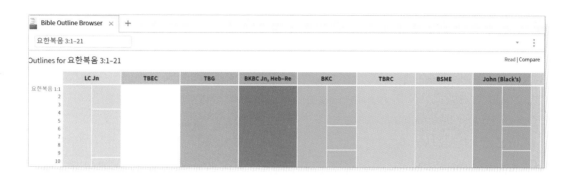

– 성경 개요 비교 모드 –

55

Canon
Comparison

각 전통, 고대 문서에서 어떻게 정경을 받아들이는지 목록을 보여주는 자료입니다. 개신교에서는 66권 성경만을 정경으로 받아들이지만 다른 교파나 고대 문서에 나타난 목록에 나타난 성경각 책의 목록은 매우 다양하므로 그 내용을 비교하여 보여주는 자료입니다.

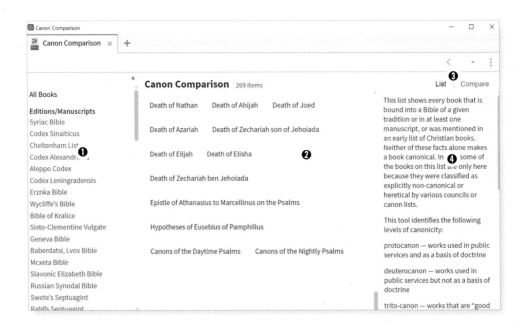

– Canon Comparison –

❶ 정경 목록을 확인하기 원하는 교파나 문서를 선택합니다.

❷ 정경 목록을 확인합니다.

❸ 목록을 단순히 확인하거나 서로 비교합니다. 아래 그림은 비교 모드를 선택했을 때 표시되는 정경 비교표입니다. ❶에서 비교를 원하는 항목을 선택하고, ❷에서는 그 항목들에 대한 정경 목록을 비교합니다.

– 정경 비교표 –

❹ 해당 목록에 대한 설명을 확인합니다.

56

Commandments of the Law
율법의 계명들

이른바 613개의 미츠보트(계명)에 대해 살펴볼 수 있는 자료입니다. 긍정과 부정에 따른 분류, 그리고 내용 범주와 성경 구절에 따라 탐색합니다. 필터링의 방식으로 원하는 계명만 정리하여 살펴볼 수도 있습니다.

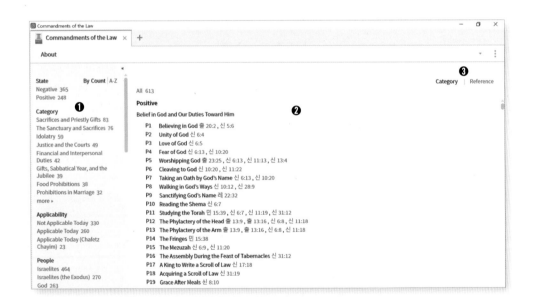

– 율법의 계명들 –

❶ 율법의 긍정, 부정 상태나 내용 범주나 관련 내용을 선택합니다.

❷ 구체적 내용을 확인합니다.

❸ 표시 방식을 정합니다. 범주와 성경 구절에 따라 계명의 내용을 표시할 수 있습니다.

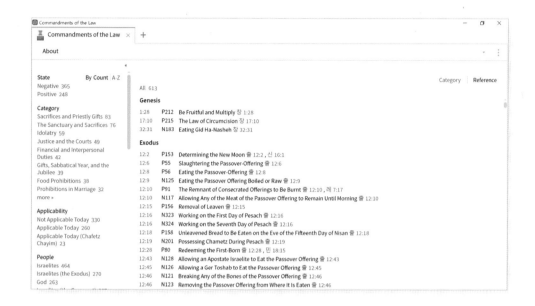

– 성경 구절에 따른 계명 표시 –

57

Exploring Bible Manuscripts
성경 사본 탐색기

성경 주요 사본을 살펴보고, 사본학에 대한 개괄적인 내용을 살펴보는 자료입니다. 해당 연대가 로고스 연대표와 연동되어 있는 등, 보다 더 깊은 연구를 쉽게 진행할 수 있도록 각 사본에 대한 정보와 고해상도 사진을 효과적으로 보여줍니다. 직접 성경의 내용이 담겨있는 사본, 비문 말고도 성경에 언급된 인물의 역사성을 증명하는 자료도 제시합니다.

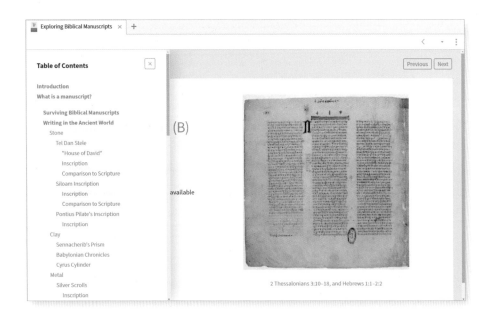

− 성경 사본 탐색기 −

58 Greek Alphabet Tutor

헬라어 알파벳을 익히도록 돕는 도구입니다.

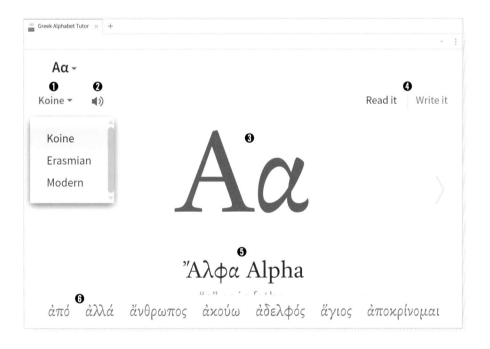

－ 헬라어 알파벳 －

❶ 발음 방식을 선택합니다. 코이네, 에라스무스식, 현대 그리스어 방식을 선택할 수 있습니다.

❷ 발음을 들어 봅니다.

❸ 대문자와 소문자로 알파벳이 표시됩니다.

❹ 읽기 연습과 쓰기 연습 중 선택합니다.

❺ 알파벳의 이름을 표시합니다.

❻ 해당 알파벳이 표시된 단어를 통해 알파벳을 연습합니다.

쓰기 연습에서는 제시되는 알파벳 위에 따라서 알파벳을 쓰면 얼마나 정확하게 썼는지 정확도를 표시해 줍니다.

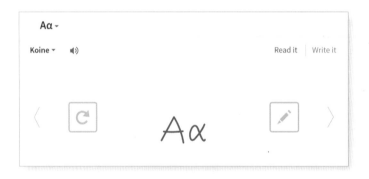

– 헬라어 알파벳 쓰기 연습 –

59

Hebrew Alphabet Tutor

마찬가지로 히브리어 알파벳을 연습하는 도구입니다. 표시, 연습 방식은 헬라어 알파벳 연습과 거의 동일합니다.

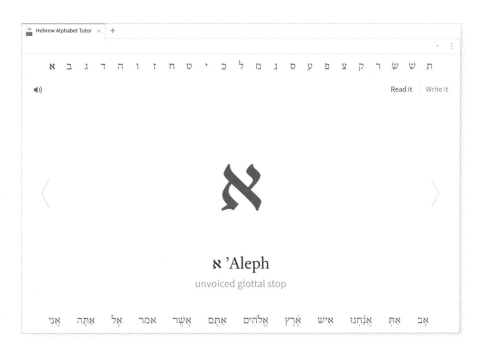

– 히브리어 알파벳 연습 –

– 히브리어 알파벳 쓰기 연습 –

60

Hebrew Bible
Manuscript Explorer

히브리어 성경 사본을 살펴보는 자료입니다.

❶ 사본 내용, 분류 그룹, 연대, 언어, 특정 태그, 보유 연구소 등으로 필터링할 수 있습니다.

❷ 필터링 결과 어떤 사본이 있는지 구체적으로 보여줍니다.

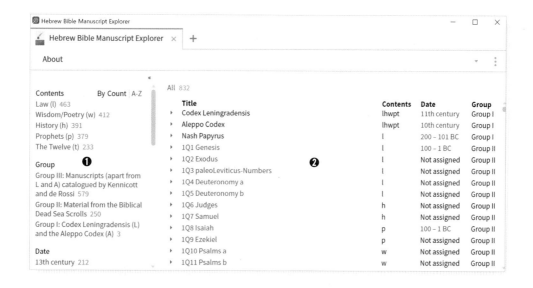

– 히브리어 성경 사본 탐색기 –

61

Hebrew Cantillations

히브리어 성경 낭독에 사용되는 악센트, 강세 등을 분석하여 보여주는 자료입니다. 본문을 설정하면 그 본문의 히브리어 악센트, 강세가 어떻게 나와있는지 일목요연하게 확인할 수 있습니다.

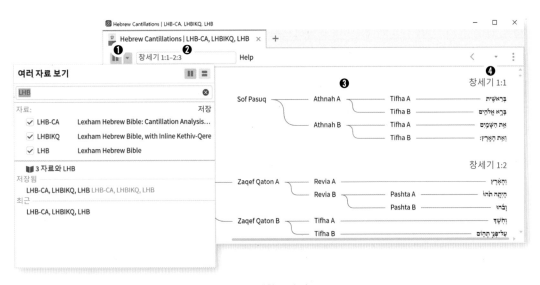

– 히브리어 영창 분석 자료 –

❶ 분석할 성경을 설정하고 표시 방법을 선택합니다.　❸ 해당 본문의 악센트, 강세 등이 표시됩니다.

❷ 분석할 본문을 입력합니다.　❹ 구체적인 히브리어 본문이 표시됩니다.

62

Korean Hebrew Alphabet tutor
한국어 히브리어 알파벳 연습

한국어로 표시된다는 점을 제외하면 Hebrew Alphabet tutor와 동일한 자료입니다.

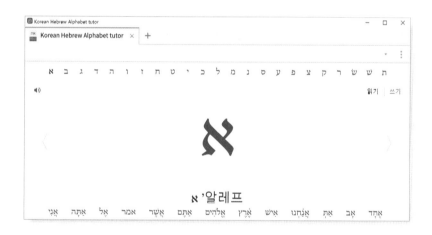

− 한국어 히브리어 알파벳 연습 −

63

Listen & Learn Greek

로고스 8에 처음 생긴 자료로, 단순히 알파벳을 따라하는 것이 아니라 헬라어를 어떻게 읽고 발음하는지 연습하는 도구입니다. 알파벳과 모음, 자음, 복합 자음을 연습하고, 구체적인 단어에서 어떻게 발음되는지 듣고 익힐 수 있으며, 발음 방식은 에라스무스식과 코이네 방식을 선택할 수 있습니다.

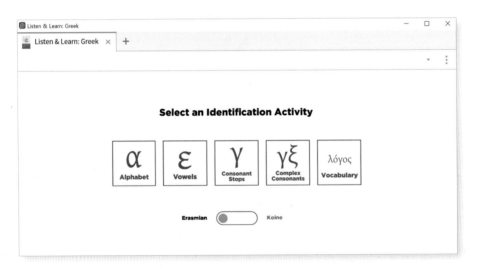

– 헬라어 듣고 따라하기 –

64

Miracles of Bible

성경에 나온 기적을 8가지 조건에 따라 분류해 분석할 수 있는 자료입니다. 본문, 유형, 성경 각 책, 행한 사람, 겪은 사람, 관련 사물, 장소, 기타 태그에 따라 분석할 수 있습니다. 로고스의 여러 도구처럼 이 자료에서도 필터링을 통해 자신이 찾기 원하는 성경의 기적을 뽑아냅니다.

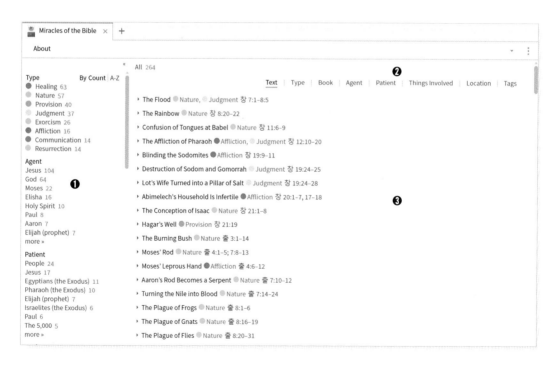

– 성경의 기적 –

❶ 기적을 필터링할 조건을 설정합니다.

❷ 기적을 조건에 따라 재구성하여 표시합니다. 시편 탐색기 등의 기능과 유사합니다.

❸ 구체적인 기적의 목록을 제시합니다.

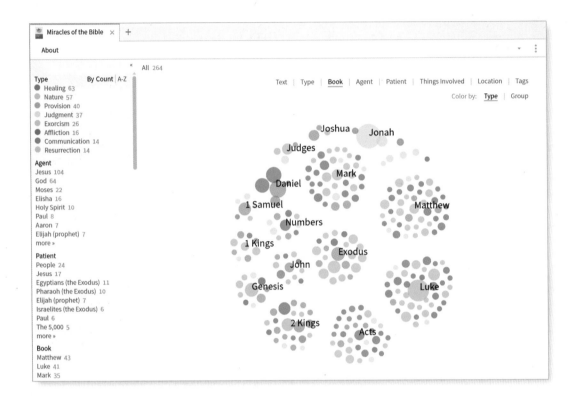

− 책별로 재구성된 성경의 기적 −

Morphology Charts

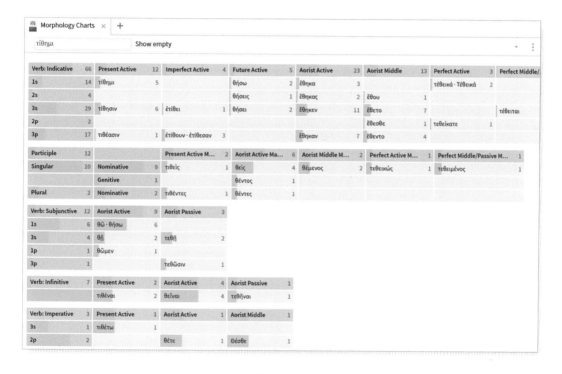

– 형태론 도표 –

원어의 어휘가 변화형에 따라 성경 어느 구절에 몇 번 나왔는지 확인할 수 있는 자료입니다. 별도의 인터랙티브 자료를 따로 찾지 않고 성경 어휘 연구 길잡이를 통해서도 실행할 수 있습니다. 문법 검색을 복잡하게 실행하지 않아도 손쉽게 변화형의 용례를 확인할 수 있는 도구입니다. 도표를 작성하기 원하는 원어 단어를 입력란에 입력하면 표가 작성됩니다. 각 칸에 있는 변화형을 클릭하면 밑에서 해당 변화형이 나온 용례를 확인할 수 있습니다.

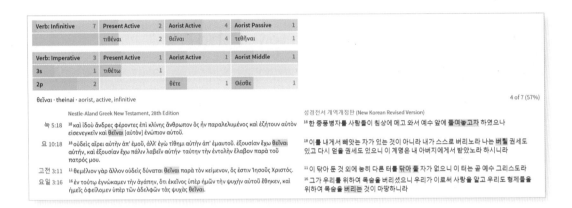

- 변화형 용례 확인 -

66

Names of God

이 자료도 필터링의 방법을 통하여 성경에 나타난 하나님의 이름을 살펴보는 도구입니다. 왼쪽 열에서 조건을 설정하고 오른쪽에서 구체적인 내용을 확인합니다. 화살표를 펼치면 성경에 나오는 구체적인 표현을 직접 확인할 수 있습니다.

– 하나님의 이름 –

Narrative Character Maps

성경 내러티브에 등장하는 인물의 관계와 사건의 흐름을 그래픽을 통해 보여주고, 그 내용을 확인할 수 있는 자료입니다. 긴 성경의 내용을 한 눈에 확인할 수 있습니다. 먼저 제공하는 인물 지도의 종류는 다음과 같습니다.

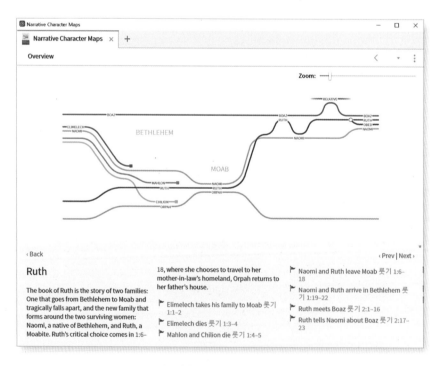

－ 룻기의 내러티브 인물 지도 －

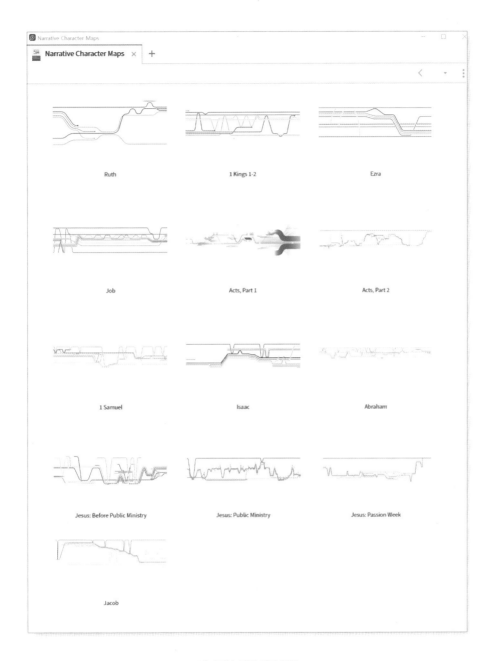

– 내러티브 인물 지도 종류 –

68

New Testament Manuscripts Explorer

신약 사본을 여러 조건에 따라 필터링하고, 정리 확인할 수 있는 자료입니다. 종류, 내용, 본문 범주, 연대, NTVMR(New Testament Virtual Manuscripts Room) 적용범위, 언어, 태그, 보유 연구소 의 조건으로 사본을 탐색합니다. 사용자가 해당 사본을 가지고 있을 경우, 링크를 통해 바로 사 본 자료를 열어볼 수 있으면 온라인 상의 사본 자료에 연결된 경우도 있습니다.

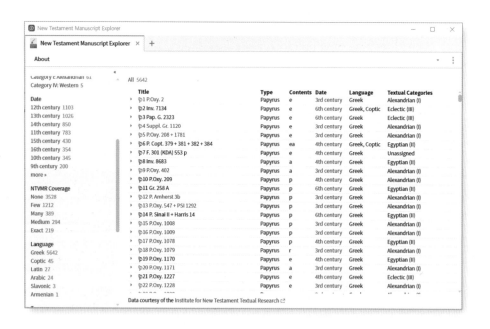

– 신약 사본 탐색기 –

69

New Testament Use of the Old Testament

신약의 구약 사용이라는 본문간 연구에 편리한 자료입니다. 역시 필터링의 방법을 통해 신구약 간의 인용을 살핍니다. 인용의 종류와 근원 자료와 표현된 자료 화자 등의 조건을 통해 필터링하여 자신이 원하는 구약을 인용한 신약 본문을 찾아 연구할 수 있습니다. 여러 인터랙티브 자료와 동일하게 왼쪽 열에서 조건을 정하고 필터링 방식으로 오른쪽에서 구체적인 내용을 확인합니다.

– 신약의 구약 사용 –

70

Numeric Converter

아라비아 숫자와 헬라어, 히브리어, 로마식 숫자를 변환해 주는 도구입니다. 먼저 개괄적인 각 숫자의 특징을 설명하는 화면에서 원하는 수를 입력하면 그에 따른 각각의 숫자를 표시해 줍니다.

– 숫자 변환기 –

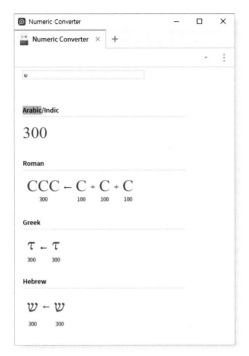

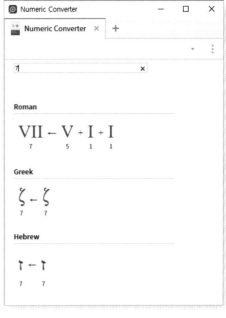

– 숫자 변환기 실제 사용 –

71

Parallel Gospel Reader

복음서 병행 구절을 살피는 자료입니다. 원하는 분류, 번역으로 비교할 수 있습니다.

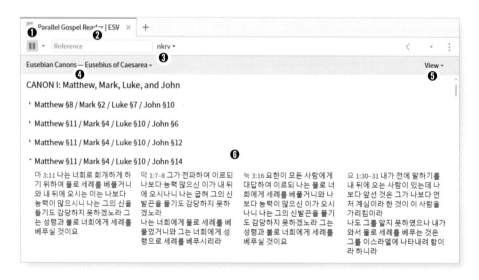

– 4복음서 병행 구절 읽기 –

❶ 대조 번역 설정 (다중 자료 디스플레이)　　　❹ 병행 성경 목록 설정 (유세비우스, 쿠어트 알란트…)

❷ 성경 구절 입력　　　　　　　　　　　　　　❺ 표시할 복음서 설정

❸ 기본 번역 설정　　　　　　　　　　　　　　❻ 목록과 본문 확인

72

Proverb Explorer

필터링 방식으로 잠언 중 자신이 원하는 부분을 찾아볼 수 있는 도구입니다. 왼쪽에서 종류, 형식, 등장 인물, 주제 등으로 조건을 설정하여 원하는 번역으로 잠언을 표시하여 확인할 수 있습니다.

– 잠언 탐색기 –

73

Psalm Explorer

시편 탐색기도 잠언과 마찬가지로 원하는 조건으로 해당하는 시편을 찾아볼 수 있는 자료입니다. 종류, 책, 저자, 주제, 구조, 태그, 음악 기호에 따라 시편을 필터링해 보여줍니다. 그리고 개별 시편에 대해서는 히브리어, 평행법, 구조도 확인할 수 있습니다.

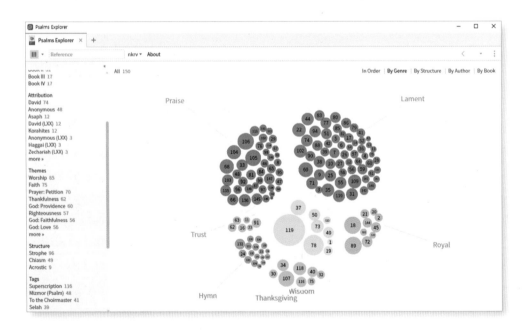

– 시편 탐색기 –

각 시편이 정렬되는 과정을 애니메이션으로 볼 수 있습니다.

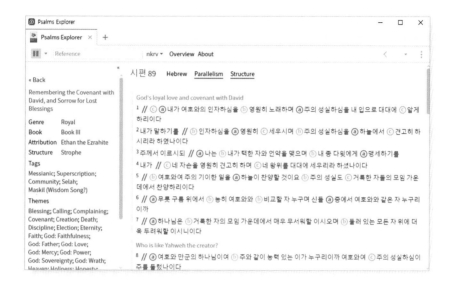

– 시편 구조 분석–

74

Septuagint Manuscript Explorer

칠십인 역 성경 사본에 대해 탐색하는 도구입니다. 다른 사본을 찾아보는 자료와 방법은 유사합니다. 왼쪽열에서 내용, 랄프 그룹,[49] 연대, 언어, 태그, 보유 연구소 등으로 사본을 탐색합니다. 필터링 방식으로 원하는 사본으로 좁혀 나가는 방식입니다.

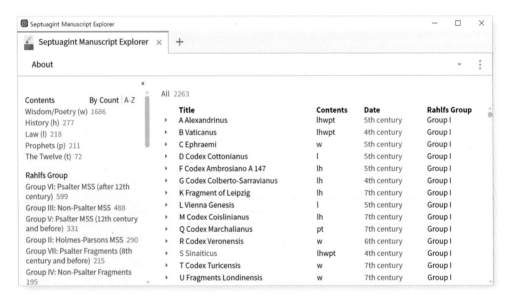

− 칠십인역 사본 탐색기 −

---

[49] 칠십인역 연구로 유명한 독일 신학자 Alfred Rahlfs(1865～1935)가 분류한 칠십인역 그룹.

75

Speaking to God

계속 살펴보고 있듯이, 인터랙티브 자료 가운데에는 방대한 자료를 여러 조건을 통하여 필터링하도록 도와주는 도구가 많습니다. 이 "Speaking to God" 역시 하나님께 말씀드린 성경 구절을 몇 가지 조건으로 찾아가는 자료입니다. 종류, 말씀을 드리는 대상, 화자, 책, 문맥, 거리, 방식, 장소 등 왼쪽 열에서 조건을 선택하고 오른쪽 열에서 그에 해당하는 성경 구절을 확인합니다.

– 하나님께 말씀드리기 –

76

Synopsis of Samuel, Kings, Chronicles

공관복음을 함께 비교하는 자료가 있었던 것처럼 역사서 내용을 비교해보는 인터랙티브 자료도 있습니다. ❶ 성경 구절을 입력하고, ❷ 번역본을 정합니다. ❸ 역사서 중 어느 책을 표시할 것인지 선택하며, ❹ 어느 순서에 따라 사건 목록을 나열할지 선택합니다.

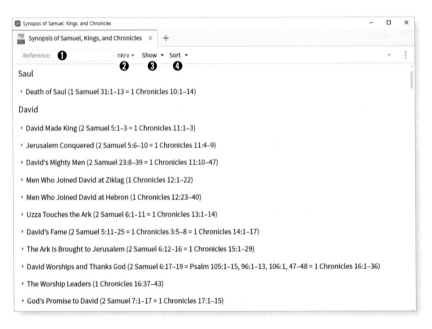

– 역사서 공관 비교 –

77

Systematic Theology

조직 신학 자료를 정리해서 표시하는 자료입니다. 조직 신학 자료는 특별히 어떤 성향을 가진 자료인지 미리 아는 것이 중요합니다. 저자, 교파, 시대, 유형에 따라 자료를 분류하며 사용자가 소유하고 있지 않은 자료에 대해서는 옆에 자물쇠 표시가 나타나고 클릭하여 쉽게 구매할 수 있습니다. 역시 필터링 방식으로 자료를 탐색하고 정리합니다.

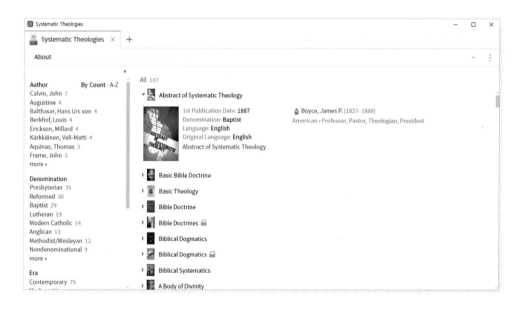

– 조직 신학 자료 –

78

Text Converter

헬라어나 히브리어 등을 음역하거나, 악센트를 제거한 형태로 변환해 주는 도구입니다. 여러 가지 이유로 원문의 알파벳을 그대로 인용하는 것이 어려울 때 사용할 수 있는 기능입니다.

❶ 원문을 입력하고 ❷ 다양한 방식의 표기법을 확인하며, 바로 복사하여 사용할 수 있습니다.

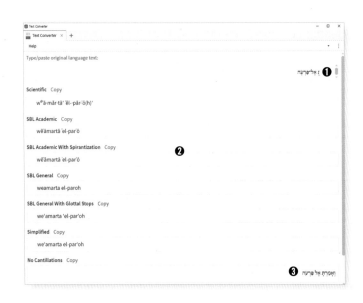

– 텍스트 변환기 –

고대 히브리인의
명절과 제물

한글화 된 자료입니다. 고대 히브리인의 명절과 제물을 역시 필터링 방식으로 조건을 선택하여
살펴보는 기능입니다. 조건으로는 유형, 목적, 행사와 시기, 내용, 제물을 선택할 수 있습니다.

− 고대 히브리인의 명절과 제물 −

여기서 잠깐 Tip ·······························

로고스에는 다양한 도구와 자료에서 '필터링' 방법을 사용합니다.

필터링이란 자신이 원하지 않는 본문이나 자료는 걸러내어 조건에 맞는 자료만 정리하여 보는 방식입니다. 필터링을 사용하는 도구에는 항상 아래 그림과 같은 내용이 표시됩니다. 즉 히브리인의 제사 가운데 불에 짐승을 태워 드리는 경우를 보여주는 것입니다. 조건 옆에 표시된 'x'를 누르면 해당 조건을 삭제할 수 있습니다.

예를 들어 "불에 탄"을 삭제하면, 어떤 방식에 상관없이 짐승과 관련된 본문을 모두 보여줍니다.

All　›×불에 탄　›×짐승　102

80

단위
변환기

성경에 나오는 각종 도량형과 현대 사용하는 도량형을 서로 비교하고 변환할 수 있는 도구입니다. 원하는 단위를 입력하면 아래 표시되는 항목을 선택하여 정확하게 변환합니다.

– 데나리온 단위 변환 –

👤 단위변환기 × +

1 리 ×

1 리터 ≈ 0.2 갑 ≈ 0.1 에바

게라	0.09	베가	0.55	g	0.02 oz
베가	0.52	세겔	6.00	g	0.21 oz
핌	0.67	세겔	7.70	g	0.27 oz
다릭	0.74	세겔	8.50	g	0.30 oz
세겔	1.35	다릭	11.50	g	0.41 oz
파운드 (로마)	0.57	미나	0.33	kg	0.72 lb
미나	1.75	파운드 (로마)	0.57	kg	1.26 lb
달란트	0.79	중 달란트 복수형	30.20	kg	66.58 lb
중 달란트	1.26	달란트의 복수형	38.00	kg	83.78 lb

용량

록	0.20	오멜	0.30	L	0.53 파...
주발	0.11	힌	0.50	L	0.11 갑
되	0.11	사톤	1.00	L	0.22 갑
갑	0.11	사톤	1.00	L	0.22 갑
오멜	0.17	사톤	1.50	L	0.33 갑
힌	0.12	메트레테스	4.50	L	0.13 부셸
스아	0.12	메트레테스	4.50	L	0.13 부셸
모디오스	0.20	메트레테스	7.50	L	0.21 부셸
사톤	0.12	레테크	9.00	L	0.26 부셸
에바	0.20	레테크	15.00	L	0.43 부셸
밧	0.17	고르	25.75	L	0.73 부셸
메트레테스	0.25	고르	38.00	L	1.08 부셸
레테크	0.17	코로이	75.00	L	2.13 부셸
호멜	0.33	코로이	150.00	L	4.26 부셸
고르	0.33	코로이	150.00	L	4.26 부셸
코로이	3.00	고르	450.00	L	12.77 부셸

길이

손가락 넓이	0.27	손폭	2.00	cm	0.79 인...
손폭	0.14	규빗 (에스겔)	7.50	cm	0.25 피트
범위	0.12	패덤	0.22	m	0.24 야드
규빗	0.18	갈대돌	0.48	m	0.53 야드
규빗 (에스겔)	0.19	갈대돌	0.52	m	0.57 야드
패덤	0.67	갈대돌	1.83	m	2.00 야드
갈대	1.50	패덤	2.75	m	3.01 야드
스타드	0.12	로마 마일	0.18	km	0.11 마일
밭고랑 길이	0.14	로마 마일	0.20	km	0.13 마일
안식일의 여행	0.62	로마 마일	0.92	km	0.57 마일
로마 마일	1.62	안식일의 여행	1.48	km	0.92 마일
하룻길	21.62	로마 마일	32.00	km	19.88 마일

면적

스아	0.16	갈이 (semeds)	750.00	m²	896.99 y²
갈이 (semed)	6.43	스아	4,825.00	m²	5,770.65 y²

돈

렙돈	0.14	앗사리온	0.06	€	0.07 $
콰드란스	0.30	앗사리온	0.13	€	0.15 $
앗사리온	3.33	콰드란스	0.45	€	0.50 $
드라크마	0.25	4 드라크마	6.70	€	7.50 $
데나리온	0.27	4 드라크마	7.14	€	8.00 $
디드라크마	0.50	4 드라크마	13.39	€	15.00 $
4 드라크마	2.00	디드라크마	26.79	€	30.00 $
므나 (그리스)	25.00	4 드라크마	669.64	€	750.00 $

– 단위 변환기 –

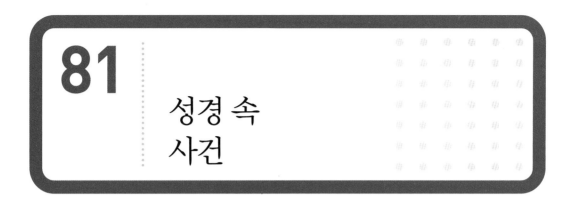

81

성경 속
사건

성경 가운데 일어난 사건을 찾아보는 도구입니다. 인물, 주제, 장소, 중요한 내용이 태그 되어 있기 때문에 정확히 어느 부분에 나왔는지 모르는 성경 속 사건을 손쉽게 찾아볼 수 있습니다.

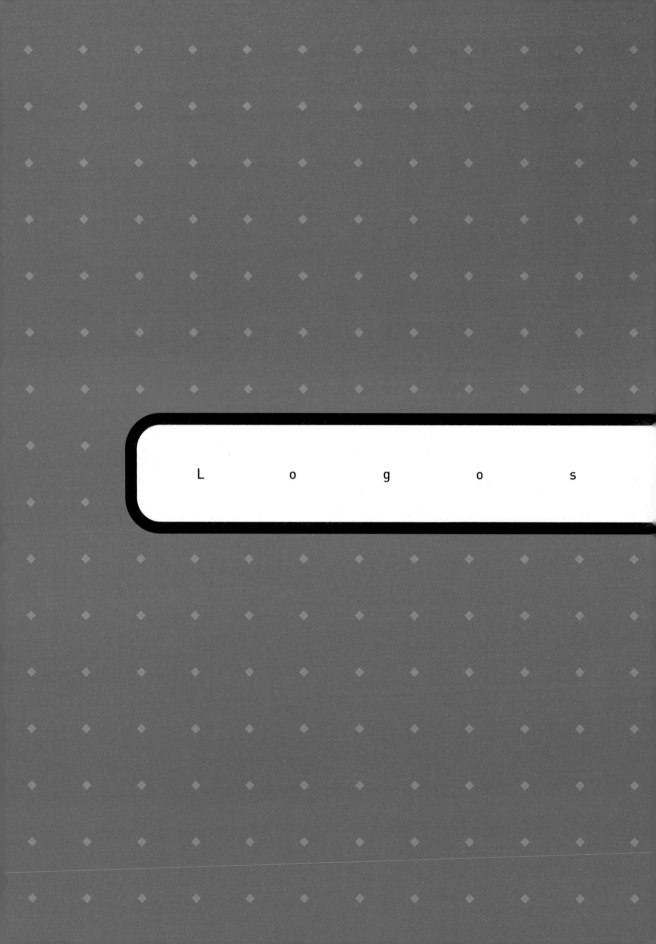

Logos

Appendix 01

바이블웍스 사용자를 위한 로고스 사용법

화면 구성 알아보고 전환하기

바이블웍스 사용자가 로고스를 사용할 때 낯선 부분은 여러 가지가 있습니다. 그러면 새롭게 로고스를 사용할 때 알아 두어야 할 내용은 무엇인지 살펴봅시다.

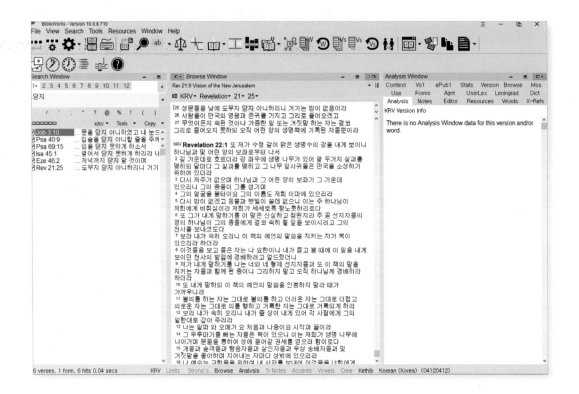

– 바이블웍스 10의 화면 구성 –

– Logos 8.6 Silver[50] 첫 화면 –

자, 어떤 차이가 느껴지시나요? 바이블웍스와 로고스의 결정적인 차이는 바이블웍스는 '성경' 만 다루는 프로그램이고 로고스는 그 외 많은 신학 자료도 다룬다는 점입니다. 물론 바이블웍스에서도 일부 다른 자료를 포함하고 있고, 당연히 로고스 성경 소프트웨어서도 성경 연구가 지배적인 중심의 위치를 차지합니다. 로고스가 성경을 연구하는데 절대로 부족하지 않고, 검색 속도도 바이블웍스보다 빠르지만,[51] 로고스는 다른 자료들까지 편리하게 다룹니다. 그래서 첫 홈페이지 화면을 보면 로고스는 다양한 자료와 기능을 정리하여 보여줍니다.

본 글의 목적은 바이블웍스 사용자가 로고스 사용으로 쉽게 전환하도록 하는 것이므로 그러면 어떻게 로고스를 사용하면서 바로 성경을 읽고 검색할지를 중심으로 살펴봅니다.

---

50 로고스 패키지에 따라 자료와 데이터의 차이는 있지만, 첫 화면인 홈페이지의 차이는 크게 없다. 다만 사용자가 활용한 방법에 따라 차차 사용자에게 맞는 정보가 보이므로 홈페이지의 구성과 내용이 달라지게 된다.
51 과거에는 바이블웍스가 성경 검색의 속도로 정평이 나있었으나, 2~3 전부터 성경 검색에서 동일한 검색을 수행할 때 로고스가 빠르다.

– 기본성경에서 성경 구절 찾아가기 –

자신이 원하는 성경을 볼 수 있습니다. 위 캡처 화면에서 보듯이 ❶ 명령 입력란에 원하는 성경 구절을 넣고 ❷ 아래 나열되는 선택 사항에서 기본 성경에서 마태복음 7:12로 가기를 선택하면 손쉽게 성경을 열 수 있습니다. 아래에 항목이 나열되기 전에 검색을 하면, 원하는 기능이 실행 되지 않을 수 있으므로 유의합니다. 그리고 "기본 성경"이란 자신의 로고스에서 성경 구절을 확 인하거나 사용할 때 기본적으로 사용하는 성경을 뜻합니다. 한글판 패키지를 구매하고 성경을 바꾸지 않았다면, 기본 성경은 개역개정한글판입니다.[52]

– 성경 본문 읽기 실행 화면 –

---

[52] 물론 기본 성경을 바꿀 수 있다. 아래와 같이 서재 **아이콘 〉 우선순위자료**에서 설정하거나, **도구 〉 프로그램 설정**에서 언어를 바꾸면 기본 성경도 바뀐다.

성경 본문을 실행하면, 위 그림과 같이 한쪽에 본문이 붙어 나오는 형태가 됩니다. 본문 화면이 바이블웍스와 다른 점은, 바이블웍스는 3컬럼을 기본으로 컬럼 수를 약간 조절할 수는 있지만, 각 윈도우(Search, Browse, Analysis)는 전체 화면에 종속되어서 완전히 자유롭게 구성하지는 못합니다. 하지만 고로스는 그 수와 구성에 있어서 매우 자유롭고 다중 모니터 사용도 훨씬 편리합니다. 더구나 상당히 정교한 화면 구성을 통해 연구할 수도 있습니다. 위 화면처럼 성경 본문이 실행되었다면 이 윈도우의 위치를 바꾸어 봅시다. 아래와 같이 윈도우의 제목 부분을 선택하여 끌면 위치를 바꿀 수 있습니다.

❶ 제목을 선택한다. ❷ 선택하여 이동하면 제목 모양만 이동한다. ❸ 이동할 수 있는 모양대로 회색 음영이 생긴다.

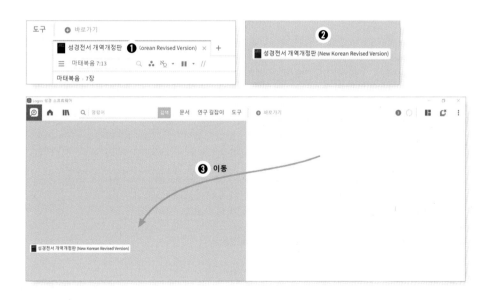

– 사용 윈도우의 이동 –

또 다른 방법으로, 제목 부분에서 오른쪽 마우스 단추를 클릭하면 아래와 같이 선택 항목이 나열됩니다. 새창에서 열기를 선택하면 별도의 창으로 해당 윈도우가 열립니다.

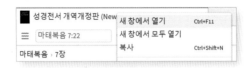

– 새창에서 열기 –

충분히 익숙해 졌다면, 바이블웍스처럼 세 열로 구성된 화면 구성을 만들어 봅시다. 검색, 본문, 기타 정보 들로 이루어진 화면 구성을 만들겠습니다. 먼저 위에서 실행시킨 성경 본문은 그대로 둡니다. 맨 위 상단 도구모음, 명령 입력란 왼쪽의 돋보기를 눌러 검색 윈도우를 실행합니다.

– 검색 실행 –

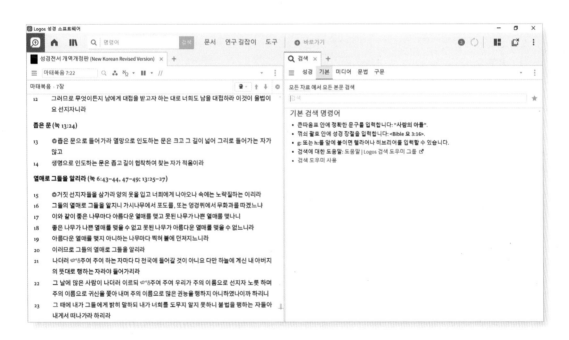

– 성경과 검색 윈도우 실행 –

그리고 위에서 성경 본문 윈도우를 옮겼던 방법으로 검색 윈도우를 이동해 봅니다. 바이블웍스에서는 검색창(Search Window)이 왼쪽에 있었으므로 똑같이 왼쪽으로 옮겨 봅니다.

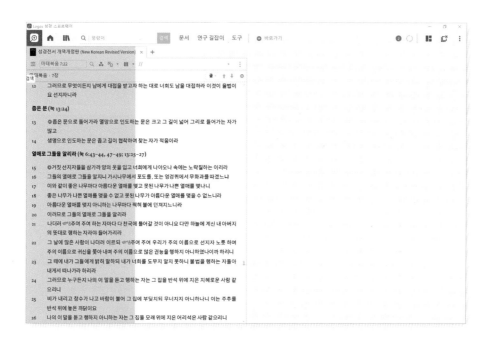

– 윈도우 이동 음영 –

왼쪽에 음영이 생기도록 이동을 하고, 단추를 놓으면 검색 윈도우와 성경 본문 윈도우가 배치됩니다. 이제 다음으로 오른쪽에 바이블웍스의 Analysis 윈도우에 해당하는 정보를 띄워보겠습니다. 이 창에서는 본문의 뜻이나, 성경의 노트를 비롯하여 여러 자료를 제공하였습니다. 로고스의 경우는 훨씬 제공하는 자료가 많은데, 일단은 본문을 읽을 때 가장 필요하고 많이 사용하는 Analysis 〉 Analysis 항목과 가장 유사한 정보를 표시하도록 하겠습니다.

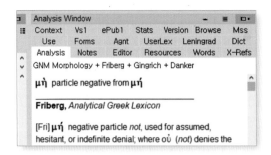

– 바이블웍스 10 Analysis 윈도우 –

로고스에서 가장 비슷한 정보를 제공하는 도구는 **정보**입니다. 그리고 **구절 탐색기**도 비슷한 정보를 제공합니다. 이 도구는 모두 상단 메뉴의 **도구**에서 실행할 수 있습니다.

– 정보와 구절 탐색기 –

실행하면 이 두 도구는 자동으로 오른쪽에 배치됩니다. 성경 본문 옆에 빈 자리가 많을 경우 마우스를 가져가 윈도우 크기를 조절합니다.

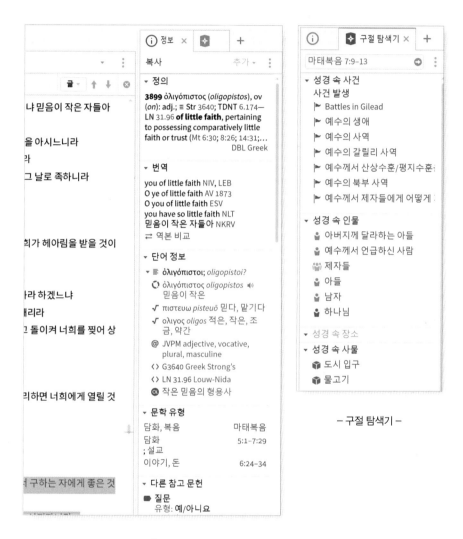

– 정보 –

– 구절 탐색기 –

– 3 컬럼 구성 화면 –

로고스는 이렇게 정리한 화면 구성을 저장할 수 있습니다. 단순히 바이블웍스와 유사한 컬럼 세 개의 구성 뿐 아니라 매우 정교하고 다양한 화면 구성이 가능하기 때문에 매우 편리합니다.

– 화면 구성 저장 –

❶ **화면 구성** 아이콘을 클릭한 후 ❷ **이름있는 화면 구성으로 저장**을 클릭하여 현재 화면을 그대로 나중에 활용할 수 있습니다. 얼마나 다양한 화면 구성이 가능한지를 살펴보시려면 왼쪽 빠른 시작을 위한 화면 구성을 살펴보세요. 이름을 붙여 저장하면 **저장된 화면 구성** 항목에서 찾을 수 있습니다. 이름을 붙인 화면 구성은 명령 입력란에 이름을 입력하면 바로 실행할 수 있습니다.

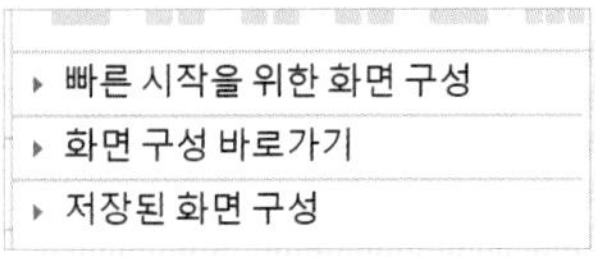

> ▸ 빠른 시작을 위한 화면 구성
> ▸ 화면 구성 바로가기
> ▸ 저장된 화면 구성

– 화면 구성 좌측 항목 –

성경 번역 바꾸기, 이동, 복사

사실 사용자가 성경 프로그램에서 복잡한 기능보다는 성경 보고, 단어 하나를 검색하거나 구절을 복사 이동하는 간단한 기능을 훨씬 더 많이 사용합니다. 그러므로 새로운 프로그램이 낯설게 느껴지는 것도 복잡한 작업을 수행할 때보다는 늘 사용하던 간단한 기능이 익숙하지 않기 때문입니다. 이제 로고스에서 가장 기본 기능이라고 할 수 있는 성경 번역본 바꾸기, 장절 이동과 구절 복사를 어떻게 실행하는지 살펴보겠습니다.

번역본 바꾸기

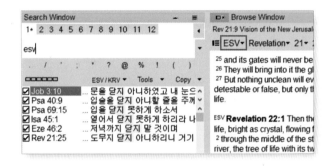

– BW10 명령 입력란 –

바이블웍스(이하 BW)에서는 명령 입력란에 성경 약어를 입력하고, 실행하면 간단히 번역본 전환이 가능했습니다. 로고스는 실행 가능한 기능이 훨씬 다양하기에 좀더 친절한 (?) 설명이 나온다는 점을 제외하고 큰 차이가 없습니다.

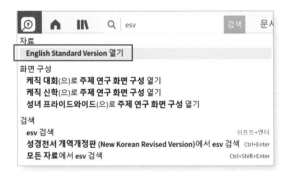

– 명령 입력란에서 ESV 열기 –

자료 항목 아래에 **English Standard Version 열기**라고 표시된 것처럼, 서재 아이콘을 눌러서도 열 수 있습니다.

– 서재에서 ESV열기 –

성경 장절 이동

BW에서는 아래와 같이 명령 입력란에 찾아보고 싶은 성경 장절을 입력하거나, 본문 위에 있는 드롭다운 메뉴를 클릭하여 이동하였습니다.

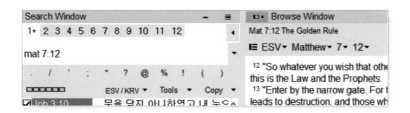

– BW10 성경 장절 이동 –

로고스에서는 기본 성경에서 찾아볼 경우, 명령 입 력란에서 성경 구절을 입력하고 나열되는 선택 사 항에서 택하여 이동합니다.

– 명령 입력란 장절 이동 –

기본 성경이 아니라, 내가 원하는 성경 역본에서 이동하려면 해당 자료의 윈도우 위에 있는 입력란에 구절을 입력합니다. BW는 특별히 사용자가 설정하지 않는 한, 영어 성경 구절 양식만 인식하지만, 한글판 로고스의 경우 기본적으로 영어와 한글 모두 인식하며, 보다 정확하게 하기 위해서는 입력하였을 때 표시되는 목록에서 선택합니다.

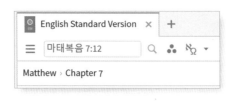

– 성경 자료 장절 이동 –

성경 구절 복사하기

성경 복사하기는 프로그램에서 흔하게 사용하는 기능입니다. 전문적인 성경 프로그램에는 손쉽게 복사할 수 있는 도구가 있습니다. BW의 경우 단축키 **Ctrl + shift + B**를 하면 아래와 같은 도구가 실행됩니다.

– BW 팝업 카피 윈도우 –

로고스에도 비슷한 도구가 있습니다. Windows의 경우 **Ctrl + Alt + B**를, MacOS는 **Shift + Cmd + J**를 단축키를 사용하여 실행합니다. **도구 〉구절 〉 성경 구절 복사**로 찾아가도 실행할 수 있습니다.

– 성경 구절 복사 –

성경 번역을 지정하고, 복사하는 형식, 그리고 어느 프로그램으로 보낼지 선택합니다. MSWord 등 에서는 자동으로 계속 복사가 되도록(붙여넣기 하지 않고) 실행할 수 있습니다. 만약 여러 번역을 한꺼번에 복사하고 싶다면, **도구 〉 구절 〉 역본 비교**의 패널 설정 메뉴(우측 상단 점 세 개)에서 **인쇄/내보내기(Ctrl + P)**를 이용합니다.

번역 비교하기

성경 연구에 여러 번역을 비교하는 것은 필수적입니다. 헬라어, 히브리어의 원어에 능숙하더라도 다양한 시대와 전통에 따라 번역한 성경 번역을 무시할 수 없기 때문입니다. 과거에는 책을 펼쳐 비교해야 하므로 몇 개 이상 번역 비교가 어려웠지만, 프로그램은 이러한 공간적인 장벽을 뛰어 넘도록 해주며, 그리고 훨씬 편리하게 번역을 비교하도록 도와줍니다.

본문을 병행 성경처럼 보기

BW에서는 분석창에 본문 보기 창을 열거나, 병행 명령 등을 이용해 번역을 하여 병행 성경처럼 보았습니다.

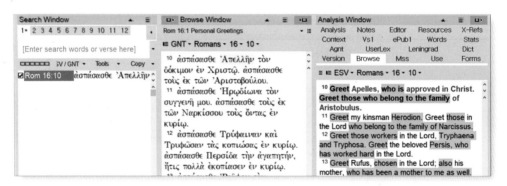

– BW10의 본문 보기(Browse) –

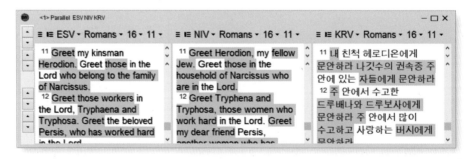

– BW10의 병행(Parallel) 창 –

로고스에서는 본문 내의 다중 디스플레이나 자료 연결을 통해 병행 성경 보기를 구현합니다.

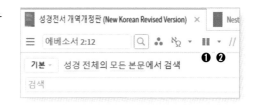

– 다중 디스플레이 설정 메뉴 –

– 병행 자료 설정 –

❶ 다중 표시, 단일 표시를 전환합니다.

❷ 다중 표시하여 병행할 자료를 검색하여 설정합니다.

우측 상단의 단추로 다중 자료를 세로나 가로로 표시하는 방식을 변경할 수 있습니다.

– 병행 성경 구현 –

다음 번역 성경을 두 개를 연 다음에 패널 설정 메뉴에서 자료 연결을 동일한 문자로 선택하여 이어주면 병행 성경과 같이 성경을 함께 연동하여 자료를 볼 수 있습니다. 로고스의 자료 연결 기능은 성경 간에만 가능한 것이 아니라, 성경의 장절 정보를 가지고 있는 자료(예를 들어, 성경 주석)라면 무엇이나 함께 연동하여 볼 수 있습니다.

– 패널 메뉴의 자료 연결 –

❶ 패널 메뉴 아이콘을 눌러 설정 화면을 열고, ❷ 연결하고자하는 자료들을 동일한 글자로 연결해 줍니다. 아래와 같이 연결하고자 하는 자료들이 동일한 글자가 제목 옆에 표시되면 연결이 성공한 것입니다. 이제 한쪽 자료를 이동하면 나머지 자료도 동일하게 이동합니다.

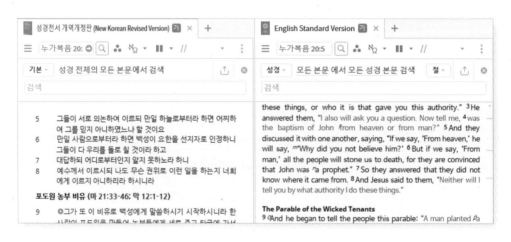

– NKRV와 ESV 연결 –

한 구절을 여러 번역으로 보기

한 구절의 의미를 깊이 연구할 때는 본문 전체의 번역을 비교하는 것보다 한 구절을 여러 번역으로 비교해 볼 수 있으면 편리합니다.

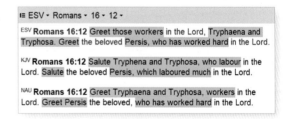

– BW10의 다중 역본(Multiple Version) 모드 –

로고스에서는 가장 간단하게 표시된 구절의 역본을 비교하려면 F7를 눌러줍니다. 순간적으로 여러 번역을 비교할 수 있기 때문에 매우 편리한 기능입니다.

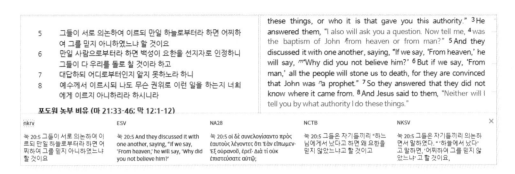

– 빠른 번역 비교 (F7)[53] –

53 이곳에 표시되는 번역을 바꾸려면 ❶ 서재 메뉴에서 ❷ 패널을 열고 ❸ 우선 순위 자료를 실행한다. 그 다음 ❶ 자료를 검색하여, 아래 나열되는 자료 중 선택하고 ❷에 해당 자료를 넣어주면 된다. 우선 순위대로 성경 역본이 표시된다.

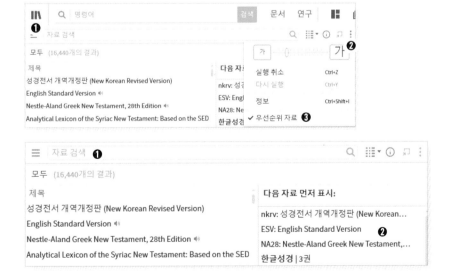

보다 전문적인 번역 비교를 위해서는 **도구 〉 역본 비교**를 사용합니다. 로고스는 뭔가 파란 글씨에 밑줄이 그어진 곳을 누르면 선택을 바꿀 수 있습니다. 여러 역본명과 밑줄이 있는 부분 ❶을 눌러 비교할 번역을 선택할 수 있습니다.

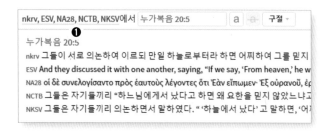

– 역본 비교 –

– 비교할 번역 선택 –

그리고 차이를 비교하는 모드를 실행하면, BW에서 형광색으로 표시하여 차이를 나타내는 것처럼 번역의 차이를 표시할 수 있습니다.

– 번역 차이 표시 –

고급 사용자는 BW에서 명령어로 특정 언어로 된 성경 전체를 불러 오거나(예: d english), 원하는 역본의 묶음을 즐겨 찾기에 저장해 불러올 수 있었듯이, 로고스에서도 표시할 번역본을 검색할 때 language: 명령어를 사용하거나(예: language:english), 원하는 성경으로 컬렉션을 만들어 편리하게 사용할 수 있습니다(20과 자료를 묶어보자: p.187 컬렉션 만들기 참조).

성경 검색

성경 연구 프로그램을 검색 프로그램이라 부를 정도로 성경 검색 기능은 가장 중요합니다. BW 사용자가 더 이상 BW를 사용하지 못하면, 아쉬운 부분도 바로 이 검색 부분일 것입니다. 사용자들이 가장 많이 사용하는 기능을 중심으로 로고스에서 해당 검색을 살펴보겠습니다.

마우스를 이용한 검색

BW에서는 오른쪽 마우스 단추로 클릭하여 다음과 같은 메뉴가 나와 필요한 정보를 더 알아보거나, 본문에서 해당 단어나 표현을 검색할 수 있었습니다.

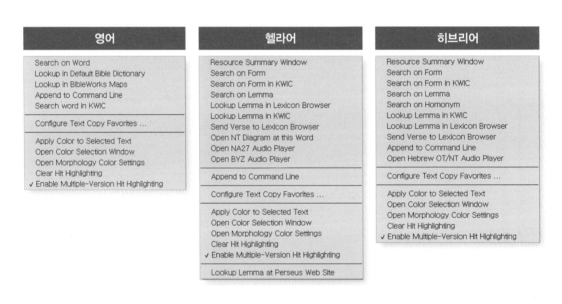

- BW 성경 언어별 본문 나열 메뉴 -

그런데 과거 BW에서 아쉬운 점은 정식으로 들어간 한글 성경이 한글 개역 밖에 없었고, 그것도 원어 정보를 비롯한 추가 정보가 없는 텍스트 만으로 구성된 성경이었습니다. 한글 성경 단어를 찾을 만한 성경 사전도 따로 없었기 때문에 불편한 점이 있었습니다.

반면에 로고스는 8개 이상의 한글 성경[54]이 있으며, 특히 개역 개정에는 원어 정보를 비롯한 다양한 정보가 추가되어 있습니다. 그리고 성경 사전이나 기타 자료들이 충분하기에 훨씬 더 다양한 연구를 손쉽게 진행할 수 있습니다.

똑같은 원리로 로고스에서도 성경 검색으로 마우스 클릭을 이용해 수행하지만, 더 다양한 자료와 태그가 있으며, 검색에 더하여 다른 기능도 실행할 수 있기 때문에 한 단계가 더 추가됩니다. 다음은 개역 개정 성경의 눅 20:9에서 "비유로" 부분에서 오른쪽 마우스 버튼을 클릭했을 때 표시되는 내용입니다.

– 로고스 NKRV 눅 20:9의 상황 메뉴 –

로고스에서 위와 같이 상황에 따라 나오는 메뉴를 이용한 검색 또는 다른 기능을 수행할 때, ❶에서 단어 혹은 정보를 택하고 ❷에서 그것을 가지고 수행하는 기능을 정한다는 것을 기억하시면 됩니다.

---

54 2019년 7월 기준

예시

선택 ①	실행 ②	설명
비유로	복사	성경에서 "비유로"를 복사.
비유로	이 자료	"비유로"를 보고 있는 성경에서 검색.
○ παραβολή *parabolē*	이 자료	보고 있는 NKRV에서 헬라어 파라볼레 원형을 번역한 단어가 있는 구절 검색.

이렇게 선택과 실행을 통해 매우 다양한 조합의 연구를 수행할 수 있습니다.

※ 마우스를 이동할 때 관련 정보를 보는 기능은 앞에서 살펴보았듯이, 도구 〉 정보, 도구 〉 구절 탐색기 등을 미리 실행시켜 놓으면 실시간으로 확인할 수 있습니다.

명령 입력란 검색

프로그램에서 보다 정밀한 검색을 하려면, 검색식을 입력해야 합니다. BW와 로고스의 검색식을 비교해 봅시다.

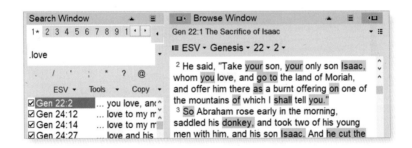

– BW 10 ESV에서 love 검색 –

로고스에는 훨씬 다양한 검색이 가능합니다. 성경과 다른 자료를 모두 검색할 수 있기 때문에 기능을 좀 더 살펴보아야 합니다.

1) 명령 입력란에서 검색

한국 사용자는 대부분 한글 개역 개정 성경
이 기본 성경으로 설정되어 있으므로 "사랑"
을 검색해 보겠습니다. 명령 입력란에 "사랑"
을 입력하면 아래와 같이 실행 가능한 작업
이 나열됩니다. 이중에 검색을 보면 성경전
서 개역개정판에서 해당 단어를 찾는 항목이
있습니다. 이 부분을 선택하면, 바로 사랑을
검색할 수 있습니다. 그 외 위 아래는 성경만
아니라 다른 자료에서 찾는 항목입니다.

로고스에서 표시되는 검색 결과를 보면, 표
시 창이 여러 기능이 일목요연하게 정리되
어 있습니다. 검색의 종류도 여섯 가지이고,
표시 방법도 네 가지나 됩니다.

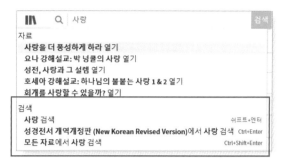

– 로고스 명령 입력란 검색 –

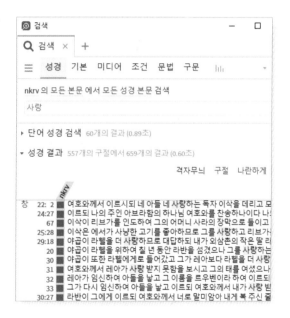

– 로고스 성경 검색 결과 –

– 검색 실행 아이콘 –

검색을 정교하게 진행하려면 이 검색창을 잘
다루는 것이 필수적입니다. 일단 상황 메뉴
를 이용했을 때는 간편하게 해당 단어만 찾아 보았지만, 분석하여 그래프를 그리고 다양하게
분석할 수 있습니다. 성경을 열리 않고 별도로 검색창을 열기 위해서는 명령 입력란 왼쪽에 있
는 확대경을 누릅니다.

성경 그래프 작성

성경 연구 프로그램의 장점은 단순한 검색만이 아니라 단어와 표현이 어떻게 분포하고 있는지 통계를 통해서 정확히 파악할 수 있다는 점입니다. 로고스로 다양하고 강력한 그래프를 제공하여 성경 본문에 대한 정밀한 연구가 가능합니다.

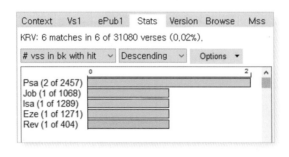

– BW 10 Stats 그래프 –

성경을 검색한 후 검색창 우측 상단에 있는 그래프를 클릭하면, 통계 그래프를 확인할 수 있습니다.

– 성경 통계 그래프 메뉴 –

실행되는 화면 하단에 보면 그래프를 그릴 수 있는 네 가지 종류가 있습니다.

– 통계 그래프 종류 –

BW에서 볼 수 있던 그래프 종류 외에도 성경 전체에서 분포를 쉽게 확인할 수 있는 차트 결과와 파이 도표가 있습니다. 빈도수 및 비율에 따라 어떻게 그래프를 그릴 것인지는 그래프를 작성했을 때 나오는 선택 사항으로 조정할 수 있습니다(주로 밑줄 파란 글씨 부분). 그래프는 어떤 조건으로 작성하느냐에 따라 다른 사항을 강조하게 됩니다. 익숙한 막대 차트와 기둥 도표를 제외하고 나머지 두 가지 선택 사항을 살피면 다음과 같습니다.

– 로고스 차트 결과 도표 –

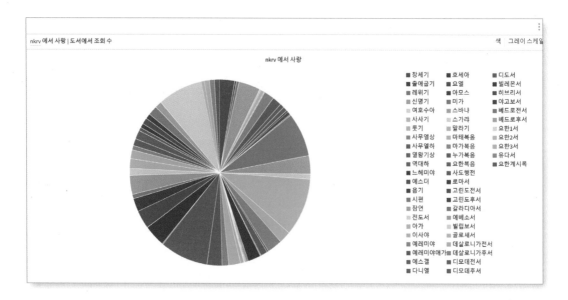

– 로고스 파이 도표 –

검색식 구성하기

BW에서 명령 입력란에 검색식을 구성하여 성경 본문에 대해서 검색했습니다. 로고스에서도 검색식을 이용한 성경 연구가 가능할 뿐 아니라. 훨씬 다양한 자료에 대한 검색과 보다 전문적인 태그를 이용한 검색을 통해서도 연구할 수 있습니다.

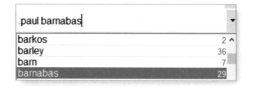

– BW 10 paul과 barnabas가 나온 경우 검색 –

먼저 간략히 BW와 비교해 봅시다. 검색창을 실행하면, 총 여섯 종류의 검색이 있습니다.

– 로고스 검색의 종류 –

성경 : 성경을 검색합니다. 사실 BW10에는 성경 검색과 문법 검색 밖에 없다고 볼 수 있습니다.

기본 : 로고스에 가지고 있는 모든 자료를 한꺼번에 검색하는 기능입니다.

미디어 : 그림이나 동영상, 음악 등 미디어 자료만 대상으로 검색할 수 있습니다.

조건 : 문장의 구성 요소로 주어나 목적어 등 조건을 검색하는 기능인데, BW에는 없었던 기능입니다.

문법 : 헬라어나 히브리어 등, 성경 원어 본문을 문법 사항으로 검색하는 기능입니다.

구문 : 단순한 문법에 더하여 구문적인 사항을 검색할 수 있습니다.

모두 살펴보자면 너무 방대한 작업이 되니 BW와 비교를 위해 성경 검색에 대해서만 살펴보겠습니다.

– 성경 검색창 –

❶ **성경 번역 선택** : 단일 역본만 아니라, 여러 개를 한꺼번에 찾을 수도 있습니다. BW 10의 Cross Version Search와 유사한 검색입니다.

❷ 성경 검색 범위를 설정합니다. BW 10의 "l" 명령과 유사한 기능입니다.

❸ BW에는 없던 기능입니다. 성경 본문의 종류 본문인지 각주인지 기타 유형을 구분하여 검색할 수 있으며, 특정 색깔의 형광펜(강조 효과)으로 그은 본문만 찾을 수도 있습니다.

BW와 로고스의 검색식을 비교하면 다음과 같습니다.

BW	로고스	내용
.A B	A B	A와 B가 함께 나오는 경우. 로고스는 기호 없이 공백으로 띄워 주면 된다.
/A B	A, B	A가 나오거나 B가 나오는 경우, 또는 함께 나오는 경우. 로고스는 ","를 사용한다. 기호 다음에 공백은 상관없이 인식한다.
.A !B	A ANDNOT B	A는 나오지만, B는 나오지 않는 경우
'A B	"A B"	A B가 그 순서, 표현 그대로 나오는 경우
( )		검색식에 사용되는 괄호는 동일
*		WILDCARD 기호도 동일
?		

그리고 한 가지 중요한 사실은 로고스는 검색식 구성에 익숙하지 않아도, 도우미를 이용해 검색할 수 있다는 점입니다. BW에 없던 다양한 검색을 익히기 위해 검색 도우미를 사용하세요.

– 검색 도우미 실행 메뉴 –

검색 도우미

▾ 기본
두 단어 모드: 가와 나
둘 중 어떤 단어: 가 또는 나
모든 단어
어느 용어이든 하나라도 포함
가는 나오고 나는 없는 경우
나 가까이에 가
나 앞에 가
나 뒤에 가
세 단어가 순서대로
서로 밀접한 관련 용어

▾ 사람, 장소 및 사물
성경에 나오는 장소
성경에 나오는 인물
함께 언급되는 두 인물
동일 구절에 어떤 인물과 장소
동일한 구절에 나오는 인물과 성경 물건
동일한 구절에 있는 장소와 성경 물건
인물, 장소, 및 성경 물건

▾ 화자와 수신인
어떤 사람이 무엇인가에 대해 말함
한 인물이 다른 인물에게 말함
한 인물이 다른 인물에게 무엇인가에 대해...
한 인물이 다른 인물에게 질문함
한 인물이 다른 인물에게 어떤 명령을 내림

▾ 신약의 구약 사용
신약 저자가 사용한 구약 본문
신약 본문이 구약을 사용

▾ 원어
헬라어 어근 단어
(으)로 번역된 헬라어 단어
(으)로 번역되지 않은 헬라어 단어
특정 인물을 지시하는 헬라어 단어
특정 인물을 나타내지 않는 헬라어 단어
히브리어 어근 단어
(으)로 번역된 히브리어 단어
(으)로 번역되지 않은 히브리어 단어
특정 인물을 지시하는 히브리어 단어
특정 인물을 지시하지 않는 히브리어 단어
(으)로 번역된 아람어 단어
(으)로 번역되지 않은 아람어 단어
특정 인물을 지시하는 아람어 단어
특정 인물을 지시하지 않는 아람어 단어

– 검색 도우미 항목 –

성경 검색 표시 종류

격자무늬   구절   나란하게   분석

– Logos 성경 검색 표시 종류 –

로고스는 특별히 성경 검색의 경우 표시 방식이 네 가지가 있습니다. BW 10 검색 결과와 가장 유사한 것은 격자무늬(Grid) 방식에서 단일 성경 역본을 대상으로 검색했을 경우 입니다.

– 격자무늬 단일 번역 검색 –

성경 검색에서 위에 표시되는 **단어 성경 검색**은 정확하지 않아도 어렴풋이 생각나는 단어로 그에 해당하는 구절을 찾을 수 있는 검색으로 영어명은 **Fuzzy Bible Search**입니다.

이 격자무늬 표시 방식은 여러 번역에서 특정 단어를 어떻게 옮겼는지 파악할 때 매우 효과적입니다. 색칠된 부분은 검색한 단어대로 번역되었다는 표시이고, 테두리만 있으면 해당 번역에서는 그렇게 옮기지 않았다는 표시입니다. 회색 금지 표시는 해당 번역에 그 본문 자체가 아예 없다는 뜻

– 한글 성경 모두 검색 설정 –

입니다(예: 신약만 있거나 본문 일부만 있는 번역 성경). 한글 성경을 모두 열어[55] 검색해 봅니다.

– 한글 8개 번역에서 "은혜" 검색 –

---

55 BW에서는 d Korean 등의 명령어로 대항 언어 성경을 전부 여는게 가능했다.

구절 : 자신이 검색한 번역에 특정 번역을 추가하여 함께 비교해 볼 수 있으며, 두 번역이 모두 스트롱 코드를 가진 경우에는 각각 해당하는 단어가 표시됩니다.

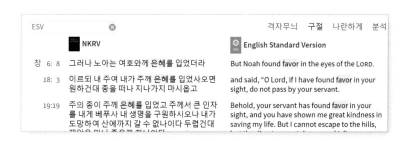

− 성경 검색 구절 표시 방식 NKRV와 ESV −

나란하게 : 검색한 단어를 중심으로 본문을 재배열합니다.

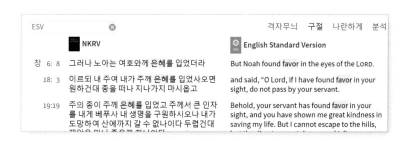

− 성경 검색 "나란하게" 표시 방식 −

분석 : BW 10에는 KWIC 기능을 비롯해 분석으로 검색을 돕는 도구가 있었습니다. 로고스는 성경 표시 방식에서 **분석**이 이런 역할을 담당합니다. MS Excel의 피벗 기능과 같이 본문이 가지고 있는 정보 태그를 다양한 방식으로 분석, 정렬할 수 있습니다. 분석 검색 표시는 태그된 모든 정보를 정렬해야 하기에 일반적인 검색보다 조금 더 많은 시간이 소요됩니다.

자료	인용	이전 문맥	결과	다음 문맥	Greek Stron...	Hebrew Stron...	Lemma (그리스
NKRV	창 6:8	여호와께	은혜	를 입었더	—	—	—
NKRV	창 18:3	내가 주께	은혜	를 입었사	—	—	—
NKRV	창 19...	종이 주께	은혜	를 입었고	—	—	—
NKRV	창 20...	내게 베풀	은혜	라 하였었	—	—	—
NKRV	창 24...	!라함에게	은혜	를 베푸시	—	—	—

− 성경 검색 "분석" 표시 방식[56] −

문법 검색

예전에 BW는 강력한 문법 검색 기능으로 알려졌습니다. 그래서 아쉬워 하는 이들이 많았는데, 대부분의 기능은 로고스에서 대체할 수 있고, BW에서 불가능했던 검색이 가능하며, 속도도 여러 번의 최적화 결과 로고스가 BW보다 빨라졌습니다. 약간의 차이도 있습니다. BW에서는 문법 검색을 위해 역본 자체를 바꾸어 주어야 했지만, 로고스의 경우는 문법 태그만 있다면, 심지어 한글 성경에서도 문법 검색이 가능합니다. 그리고 BW에 비해 안내가 훨씬 편리해서 직접 명령어를 입력할 필요가 없습니다.

---

56 이 표시 방식에서 사용할 수 있는 태그는 매우 다양하다. 역본마다 사용할 수 있는 태그 종류는 다르며, 사용 가능한 태그를 확인하고 추가, 제외 시키기를 원할 경우에 필드 명에서 오른쪽 마우스 단추를 클릭하면 표시된다.

❶ 문법 검색에서도 검색 도우미를 사용할 수 있습니다.

❷ 문법 검색할 자료를 검색하는 곳입니다. 로고스 하위 패키지에도 헬라어 SBLGNT, 히브리어 LHB 등은 포함됩니다. 물론 널리 알려진 NA28이나, BHS 등의 문법 자료도 있습니다. 그 외 Syriac이나 사해 사본, 라틴어 문법 자료도 추가할 수 있습니다.

❸ 검색의 범위를 설정합니다.

❹ 본문의 종류, 강조 효과를 준 본문 등으로 검색 범위를 제한합니다.

– 문법 검색 –

문법 검색하는 방법은 BW와 많이 다르지는 않습니다. @이 문법 태그를 입력한다는 시작 신호입니다. 더 편리한 점은 로고스는 헬라어나 히브리어 자판을 외울 필요가 없습니다. 헬라어 단어의 경우 "g:"를 앞에 붙이고 비슷한 발음의 영어 입력을 하면 됩니다. 히브리어는 "h:"를 먼저 입력합니다. 최근에는 직접 입력이 편리한 키보드 변환기도 추가되었습니다(부록3 참조).

원형을 기준으로 검색하려면 아래와 같이 나열되는 목록에서 옆에 파이도표 아이콘이 나오는 항목을 선택해야 합니다. 원형이 아니라 텍스트 그대로를 찾으려면 아래 열거되는 항목 중에 고르면 되는데, 그 경우에는 문법 검색을 할 필요가 없을 것입니다.

– λογος 입력 문법 검색 –

@를 붙이면 ❶과 같은 상자가 표시되어 품사부터 선택할 수 있습니다. ❷ 화살표를 하면, 검색을 바로 수행합니다.

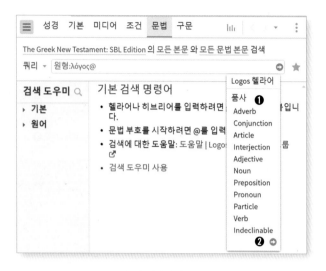

– 문법 검색식 작성 –

위 그림과 같은 항목에서 원하는 사항을 선택하여 검색합니다. 품사를 무엇을 선택하는지에 따라 뒤에 이어지는 문법 부호는 달라집니다.

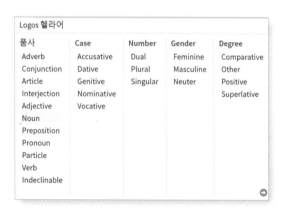

– Logos 헬라어 명사 검색 범주 –

품사	Stem			TAM	Person	Gender	Number	State	Yiqtōl Volitives	Ending Type
Article	Qal	Pilpēl	Hitpaʿʿēl	Qātal (Perfect)	First Person	Feminine	Dual	Absolute	Cohortative	Energic Nûn
Conjunction	Qal Passive	Palpal	Hitpôlēl	Wᵊqātal (Waw + Perfect)	Second Person	Masculine	Plural	Construct	Jussive	Paragogic Hē
Adverb	Nifʿal	Nitpaʿʿēl	Hitpôlal	Yiqtōl (Imperfect)	Third Person		Singular	Determined		Paragogic Nûn
Negation	Hifʿil	Puʿʿal	Hitpilpēl	Wayyiqtōl (Waw-Consecutive + Imperfect)						
Interrogative	Hofʿal	Pôʿal	Hitpalpēl	Wᵊyiqtōl (Waw-Conjunctive + Imperfect)						
Adjective	Piʿēl	Pôlal	Eštafʿēl	Imperative						
Noun	Pôʿēl	Puʿlal	ʾEtpaʿal	Infinitive						
Preposition	Pôlēl	Pᵊʿalʿal	ʾEtpôʿēl	Participle						
Pronoun	Paʿlal	Puʿalal	Tifʿēl	Passive Participle						
Numeral	Piʿlēl	Polpal	Hotpaʿʿēl							
Verb	Piʿlal	Hitpaʿʿēl	Hotpaʿʿal							
Interjection	Pᵊʿalʿal	Hitpôʿēl								

– Logos 히브리어 동사 검색 범주 –

품사	Stem		TAM	Person	Gender	Number	State	Yiktub Volitives	Ending Type
Article	Pᵊʿal	ʾItpaʿal	Kᵊtab (Perfect)	First Person	Feminine	Dual	Absolute	Cohortative	Energic Nûn
Conjunction	Pᵊʿīl	ʾItpôʿal	Ûktab (Waw + Perfect)	Second Person	Masculine	Plural	Construct	Jussive	
Adverb	Pôʿēl	ʾAfʿēl	Yiktub (Imperfect)	Third Person		Singular	Determined		
Negation	Pôlēl	Šafʿēl	Wᵊyiktub (Waw + Imperfect)						
Interrogative	Paʿʿēl	Safʿēl	Imperative						
Adjective	Hafʿēl	Hištafʿal	Infinitive						
Noun	Hofʿal		Participle						
Preposition	Hitpᵊʿēl		Passive Participle						
Pronoun	ʾItpᵊʿēl								
Numeral	ʾEtpᵊʿēl								
Verb	Hitpôlēl								
Interjection	Hitpaʿʿal								

– Logos 아람어 동사 검색 범주 –

자료에 따라서 문법 검색 범주는 달라질 수 있으며, 위에 소개한 표는 로고스에서 사용하는 대표적인 헬라어, 히브리어, 아람어 문법 부호 체계입니다. 그리고 문법 태그가 붙은 단어를 위에서 소개한 검색 기호와 함께(공백, 쉼표, ANDNOT 등) 사용하여 정밀한 문법 검색을 합니다.

GSE와 고급 문법 검색

BW 10의 가장 발달된 검색은 GSE(Graphical Search Engine)이었습니다. 각 단어의 정보, 순서와 거리, 문법적인 관계를 통해 성경을 검색했는데, 로고스에서 여기에 해당하는 검색은 고급 문법 검색입니다.

실행 방법은 먼저 문법 검색에서 쿼리를 클릭하는 방법이 있습니다.

– 문법 검색에서 고급 문법 검색 문서 생성 –

고급 문법 검색은 사용자가 정교하고 복잡한 검색을 설정해서 저장하고 나중에 다시 사용할 수 있기 때문에 로고스 기능 가운데 문서에 속합니다. 따라서 문서〉 새 문서〉 고급 문법 검색 순으로 진행하여 검색을 위한 식을 구성합니다.

– 문서에서 고급 문법 검색 생성 –

사용자는 문서를 이용해 각 단어 요소의 내용과 거리, 관계 등을 설정하여 성경에서 원하는 표현을 검색할 수 있습니다.

– 고급 문법 검색의 예 –

지도, 연대표, 노트

성경 본문을 연구할 때, 시간과 장소적인 배경을 참고하는 것이 필요합니다. 현장의 생동감을 살려주고 본문 텍스트만으로 알 수 없는 내용이 파악되기 때문입니다. 지도(Map)는 공간적인 정보, 연대표(Timeline)은 성경 및 교회사의 사건이 일어난 시기를 보여주는데, 프로그램을 살용하면 고정된 종이 텍스트를 사용할 때보다 훨씬 편리하면서 입체적인 도움을 얻을 수 있습니다.

지도

BW10의 지도 실행은 메뉴 아이콘을 이용하거나, **Resources 〉 Maps 〉 Bibleworks Map module**로 실행할 수 있습니다. BW에도 포함한 지도가 여러 종류가 있지만, 종이책과 크게 차이가 없는 나머지를 제외하고 지도 모듈을 중심으로 가장 유사한 로고스의 성서 지도에 대해 알아보겠습니다.

– 바이블웍스 지도 모듈 메뉴 아이콘 –

로고스의 지도는 성경 본문을 읽으며 찾는 방법과 지도를 따로 열어 원하는 지명을 찾는 방법이 있습니다.

- 상황 메뉴 지도 찾기-

본문을 읽다가 지명과 관련된 부분이 나오면 오른쪽 마우스 단추로 상황 메뉴를 엽니다. 그 중 ❶ 지명 아이콘이 있는 항목을 선택하고 왼쪽에서 ❷ 성서 지도를 엽니다.

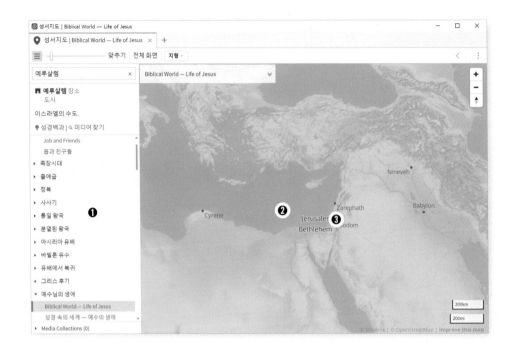

– 예수님 당시의 예루살렘 지도 –

❶에서 해당 지명이 나오는 주제를 선택하고 ❷ 지도를 확인합니다. ❸ 구체적인 지명을 확인하고 해당 부분에 마우스 포인터를 가져 가면 성경 전체 어느 부분에 많이 나왔는지 스파크 라인을 통해 확인됩니다. 그리고 오른쪽 마우스 단추를 클릭하면 추가 정보를 확인할 수 있습니다.

BW10 지도의 경우 표시되는 경도, 위도를 다시 인터넷 사이트에 이동 후 입력해야 현재 상황을 볼 수 있었지만, 로고스에서는 바로 Google이나 Bing 지도를 열 수 있습니다. 또한 한 지명에서 다른 곳으로 Ctrl을 누른 상태에서 드래그하면 실제 거리를 측정할 수 있습니다.

– 지명 추가 정보 –

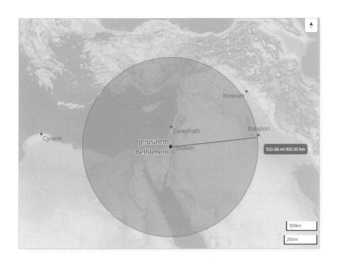

−지도에서 거리 측정−

지도는 **도구 〉성서 지도**에서 열거나, **도구 〉성경백과**에서 지명을 검색한 후에 미디어에서도 실행할 수 있습니다. BW10의 경우 영문 지명으로 입력해야 해서 불편함이 많았는데, 로고스 한글판에서는 한글로 지명을 입력해도 검색할 수 있어 편리합니다. 특별히 지명을 검색할 때, 옆에 지명을 나타내는 아이콘이 있는지 확인하는 것을 잊지 마세요.

− 장소 아이콘 −

연대표

– BW10 연대표 아이콘–

BW에는 상당히 초기 버전부터 연대표가 있었지만, 그 후 발전이 거의 이루어지지 않았고 제공하는 정보가 빈약했습니다. BW의 특징대로 사용자가 원하는 시건을 집어넣고 편집하는 기능은 있었지만 말입니다. BW의 연대표는 기본 아이콘 메뉴에 나타나지 않기 때문에, 더 아쉬웠습니다.

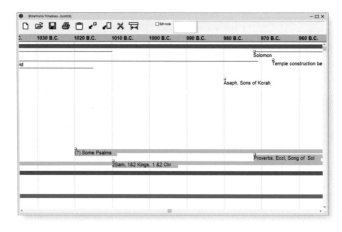

– BW10 연대표 –

로고스의 연대표는 기본적으로 1만7천 건 이상의 성경, 교회사의 사건을 보여주며, 디자인 방식을 바꾸어 표시할 수도 있어서 시대적 배경을 편리하게 연구할 수 있습니다.

– 로고스 연대표 –

❶ 디자인 양식을 바꿔줍니다.

❷ 시대의 범위를 조정합니다.

❸ 연대표의 주제를 선택합니다.

❹ 표시되는 사건의 종류를 선택합니다.

❺ 원하는 인물, 사건을 검색하여 1만 7천 여 건의 항목 중에 걸러서 필터링합니다.

메모와 노트

BW10에는 성경 구절에 연동되는 Note 기능과 원어 단어에 연동되는 UserLex(사용자 렉시콘) 기능이 있었습니다.

– BW10의 Notes와 UserLex –

로고스는 메모(Notes)에서 이 두 가지 기능을 모두 실행 수 있습니다. 메모를 실행하는 방법은 상황 메뉴와 문서에서 실행할 수 있습니다.

– 상황 메뉴의 메뉴 추가 –

상황 메뉴의 오른쪽 상자에서 어떤 정보를 선택하느냐에 따라 사용자가 원하는 메모를 추가하는 위치가 달라집니다. 또 다른 방법은 도구에서 메모를 추가하는 것입니다.

– 도구에서 메모 추가 –

BW10과 LOGOS8 모두 매우 다양한 기능을 가진 프로그램이기 때문에, 두 프로그램의 기능을 비교하고 또 BW10에 없는 보다 강력하고 새로운 LOGOS8의 기능을 이야기하자면 훨씬 더 많은 지면이 필요합니다. 그러나 가능한 한 프로그램을 전환할 때 당황하지 않도록 필수적인 내용들만 살펴보았습니다.

그리고, 마지막으로 BW10에는 없었지만, 로고스에는 있는 기능을 소개하며 글을 정리할까 합니다. 길을 모르거나 전혀 새로운 곳으로 여행한다면 가이드, 길잡이가 필요하겠죠? 무엇인가 연구를 하고 싶은데 방법을 모른다면, 연구 길잡이를 찾아주세요. 많은 도움이 될 것입니다.

– 연구 길잡이와 연구 과정 길잡이 –

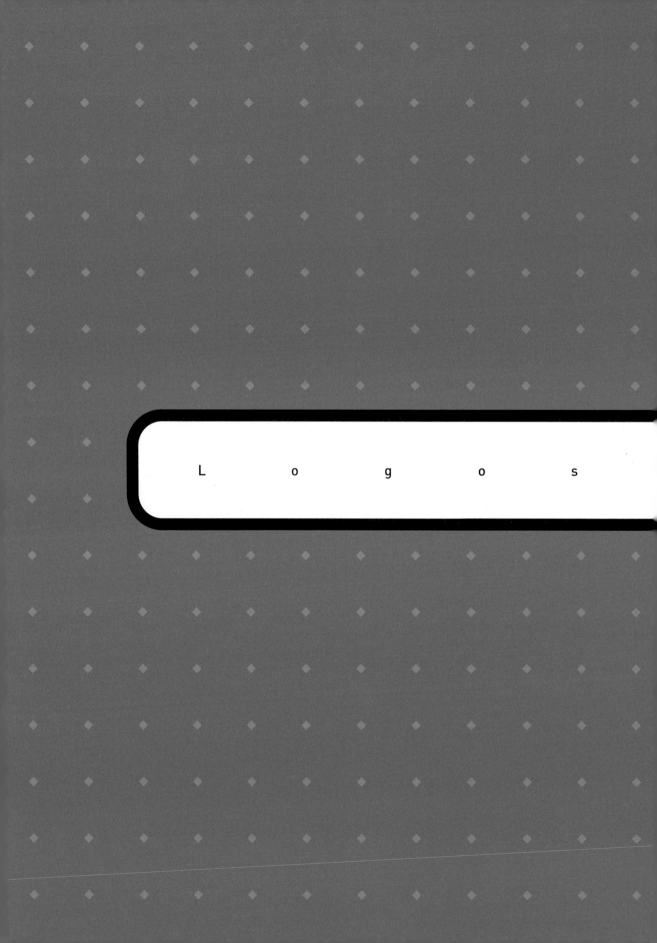

Logos

Appendix 02

어떤 자료를 갖출 것인가?

로고스를 잘 사용하는 일은 여러 기능을 알고, 복잡한 검색을 할 수 있는 것만이 아닙니다. 가치 있는 자료를 알고 있고 그에 맞게 잘 사용하는지도 매우 중요합니다. 로고스는 프로그램 중에서 가장 풍부한 연구 자료를 사용할 수 있기 때문에 더욱 그렇습니다. 그런데 좋은 자료를 알고 있다는 것도 쉽지 않은 일이죠. 따라서 아래 소개하는 사이트, 블로그 등을 살펴보며, 자신에게 필요한 성경, 주석, 사전, 단행본을 갖추어 나가면 많은 도움이 됩니다.

자료를 소개할 때에 로고스 패키지 중에 어디에 수록되어 있는지는 크게 고려하지 않았습니다. 기업에서 패키지를 구성할 때에는 특정 가격에 맞추는 일도 중요하기 때문에 좋은 자료를 모두 담을 수는 없습니다. 필요한 자료를 소유하고 있지 않다면 나중에 추가하시면 됩니다. 꼭 패키지나 컬렉션이 아니라 개별 자료도 구매 가능합니다.

로고스는 기능 익히기보다 어쩌면 좋은 자료를 확보하는 것이 장기적으로 보아서는 훨씬 중요합니다. 도서관 시스템이 아무리 좋다고 해도 좋은 자료가 별로 없다면 좋은 도서관이 아닌 것과 같은 이치입니다.

성경[57]

성경 번역 비교를 하려면, 각 역본의 성격을 잘 알아야 합니다. 원문의 의미 파악에는 문자적 번역인 직역이 도움을 주고, 적용점을 찾거나 묵상할 때는 풀어서 해석한 의역이 더 감동을 줄 때가 있습니다. 그리고 번역의 저본(底本)을 칠십역이나 시리아 페쉬타 같은 고대역에서 옮긴 성경도 있어서, 고대어를 익숙하지 못해도 연구에 도움을 받을 수 있습니다. 그러면 성경 번역을 파악하려면 어떤 기준으로 특징을 알 수 있을까요?

직역, 의역 정도를 파악하자

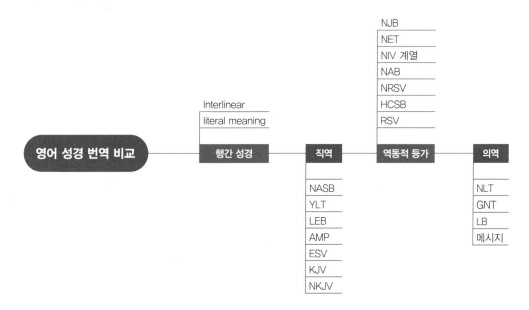

57 여기에 소개하는 성경 번역은 사용자가 가지고 있는 패키지에 포함되어 있지 않을 수도 있다. 그러나 일부를 제외하고는 로고스에서 사용할 수 있는 것이므로 필요할 경우 추가할 수 있고, English Bible Collection 같이 여러 번역을 함께 구매할 수 있는 컬렉션도 있다.

– English Bible Collection (24 vols.) –

먼저 직역과 의역이 좋고 나쁨을 의미하지 않는다는 점은 분명히 해 두어야합니다. 특히 개인이 번역한 사역(私譯) 중에는 어설픈 원어와 모국어 실력을 "직역"으로 포장하는 경우가 드물지 않습니다. 직역은 번역 언어보다는 원어의 언어 구조와 구문을 살리는 방향으로 의역은 번역 언어에 자연스럽게 번역을 하는 것이라 이해합시다. 영어 성경 중에서는 NASB, ESV, KJV 등이 가급적 원문을 문자적으로 번역하려고 한 성경입니다. 또한 Young's Literal Translation(YLT)은 앞의 번역에 비해 덜 알려 있지만, 역시 직역 성경입니다. 이미 저작권이 소멸되었으므로 대부분의 프로그램에 다 포함되어 있습니다. 또 기억해야 할 것은 LEB(Lexham English Bible)[58]입니다. 이 번역도 직역 성경으로 최근 좋은 평가를 받고 있습니다.

이에 비해, New Living Translation(NLT), The Message, Living Bible 등은 이해를 우선으로 풀어서 옮긴 의역 성경입니다. 의역은 성경의 의미를 생각할 때에, 독자에게 생생한 자극을 주기 때문에 유용하지만 원어의 의미를 제대로 추적할 때에는 적절하지 않을 것입니다. 그리고 번역 철학을 이야기할 때 자주 언급되는 '역동적 등가(dynamic equivalent)'의 방법을 사용한 NIV 계열은 문자적인 직역과 해석역의 중간 정도에 위치하는 번역입니다.

위의 표는 왼쪽으로 갈수록 문자적으로 번역한 역본이며 오른쪽으로 갈수록 풀어서 해석한 번역입니다. 각 번역본의 위치를 확인하여 번역의 성격을 파악할 수 있습니다.

---

58 Lexham은 LOGOS Bible Software를 만든 Faithlife 사의 종이책 출판사 명이다. 로고스에서 작업할 때 자사의 자료를 우선적으로 하는 것은 당연하다. LEB는 Logos에서 사용하도록 여러 태그 정보가 가장 많이 붙어있는 성경이기도 하다.

주석

주석을 종합하여 체계적으로 소개해주는 사이트입니다. 아래 메뉴 항목에서 볼 수 있듯이 각 책
별로 책을 추천하고 있으며 독자들의 평가에 따라 순위가 오르내립니다.

Bestcommentaries

https://www.bestcommentaries.com/

– Bestcommentaries Home 화면 –

또한 이 사이트는 로고스 사용자에게 더욱 편리합니다.

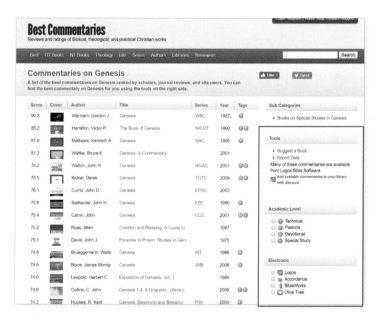

– 창세기 주석 화면 –

파란 상자 안을 확대해 보면 아래와 같습니다.

❶ **Tools** : 로고스 사용자가 나열된 주석 가운데 구매할 수 있는 주석을 클릭 한 번에 모두 장바구니에 넣을 수 있게 도와주는 편리하면서도 무서운(?) 기능입니다.

❷ **Academic Level** : 사람들의 평만 믿고 주석을 구매했다가, 자신의 목적과 맞지 않아 낭패를 본 사용자가 매우 많을 것입니다. 어느 정도로 전문적인지, 목회적인지 주석의 특징을 걸러서 볼 수 있는 기능입니다.

❸ **Electronics** : 각 프로그램에서 구매할 수 있는지 표시해 주는 부분이죠. 로고스에서 구매할 수 있는 자료에는 아이콘이 표시됩니다.

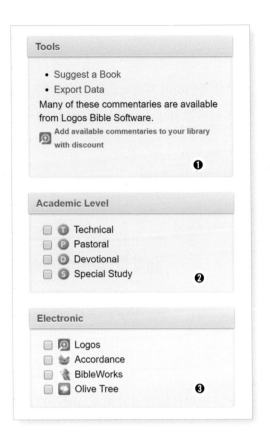

– 주석 정렬 도구 –

Bookmann의 책,책,책

한글 주석에 관해서는 아직 이 정도로 체계적으로 정리된 사이트는 없습니다. 그러나 아래 블로그 Bookmann의 책책책에서 지금까지 국내 학자들이 추천한 주석 목록을 제시하고 있으니 참고할 수 있습니다.

https://m.blog.naver.com/hmaeng67/220652860103

원어 사전

헬라어, 히브리어 사전에 대해서는 로고스 한글판에도 수록되어 있는 그라티아 출판사의 Re에서 상세하게 다룬 적이 있습니다. 아래 링크를 이용해서 살펴보시기 바랍니다. 요약하자면, 가급적 최신의 표준적인 사전을 사용할 것. 용도에 맞는 사전을 사용할 것, 즉 단어 학습을 위해서는 너무 두껍지 않은 것으로, 또 어휘 연구와 추이를 살펴보면 충분한 분량에 목적에 맞는 것으로 살펴야 합니다.

헬라어 사전 길라잡이: Re 49호 37페이지

logosres:remagazine2017;ref=VolumePage.V_49,_p_37

https://ref.ly/logosres/remagazine2017?ref=VolumePage.V+49%2c+p+37

히브리어 사전 길라잡이 (1) : Re 50호 49페이지

logosres:remagazine2017;ref=VolumePage.V_50,_p_49

https://ref.ly/logosres/remagazine2017?ref=VolumePage.V+50%2c+p+49

히브리어 사전 길라잡이 (2) : Re 51호 52페이지

logosres:remagazine2017;ref=VolumePage.V_51,_p_52

https://ref.ly/logosres/remagazine2017?ref=VolumePage.V+51%2c+p+52

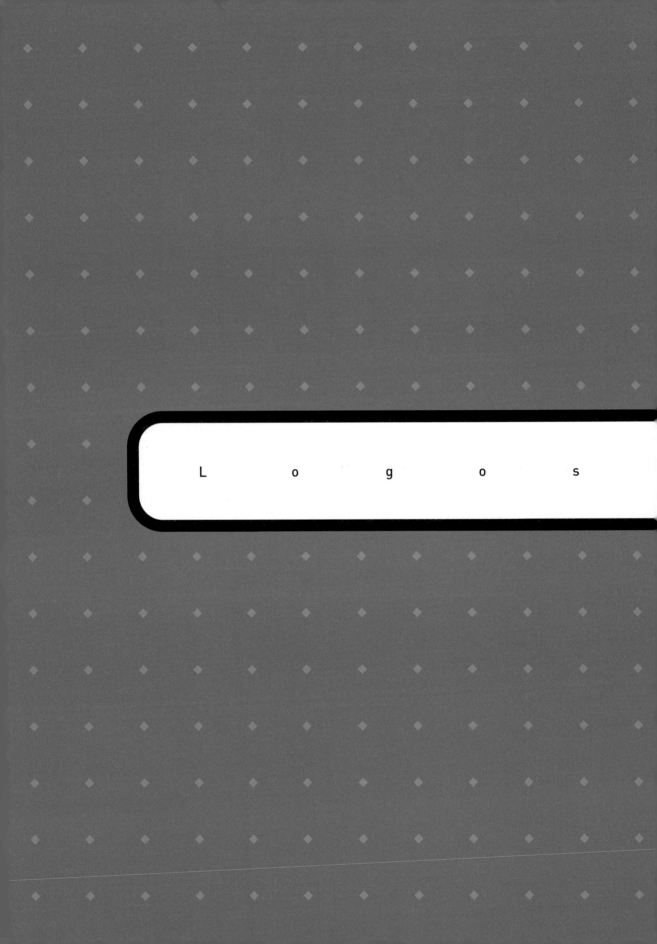

Logos

Appendix 03
키보드 변환기(Keyboard Switcher)

로고스 8.8에서는 헬라어, 히브리어 등 원어 입력을 편리하게 해주는 키보드 변환기가 추가되었습니다. 'g:', 'h:'을 앞에 붙여서 음역을 이용하는 방법에 더하여 쉽게 자판을 전환 입력할 수 있어서 더욱 편리해 졌습니다.

– 성경 본문의 키보드 변환기 –

키보드 모양의 아이콘을 클릭하면 아래 그림과 같이 기본값, 헬라어, 히브리어 중에서 선택하여 입력할 수 있습니다. 아이콘이 아니라 단축키를 이용할 수도 있는데, Window OS의 경우 **Ctrl + Alt + Space**, 그리고 MacOS는 **Ctrl + Cmd + Space**를 누르면 각 키보드 자판을 변환할 수 있습니다.

– 자판 종류 –

히브리어 자판

기본 값

히브리어 자판은 특별히 쓰는 방향이 오른쪽에서 왼쪽으로 쓰여지므로, 입력할 때 유의해야 합니다.

Shift

Alt

Shift + Ctrl + Alt

헬라어 자판

기본 값

Shift

Ctrl + Alt

Shift + Ctrl + Alt

사실, 윈도우 등 OS 자체의 언어 팩 키보드 설정을 이용하면 직접 입력이 가능했지만, 설정이 조금 복잡해서 어려웠습니다. 새롭게 추가된 기능으로 원어를 더 수월하게 입력할 수 있을 것입니다.

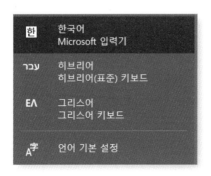

– Windows 10에 헬라어, 히브리어 자판을 설치한 작업 표시줄 –

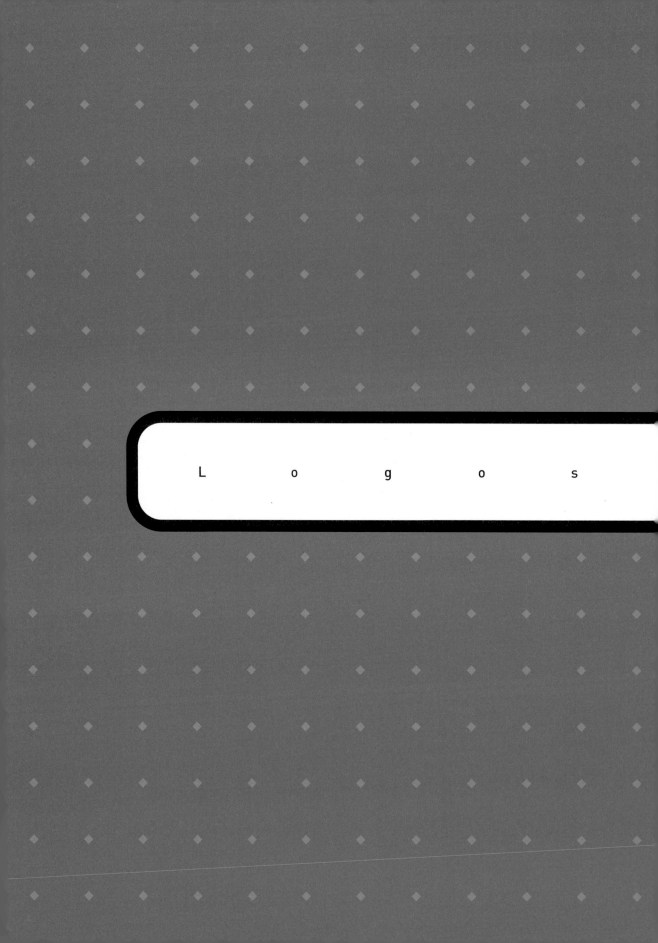

Logos

Appendix 04

형태론(Morphology) 코드 체계 종류

로고스 도움말 파일은 아래와 같이 로고스에서 사용할 수 있는 문법 체계를 소개합니다(가나다 순). 여러 종류의 문법 분류 체계가 있기 때문에, 전문적인 사용에서는 각각의 특징을 알고 사용하여 검색해야 합니다. 프로그램의 문법 분류가 잘못되었다 지적하는 분이 간혹 있지만, 대부분 견해 차이이고, 또 그럴 경우 프로그램이 문제가 아니라, 어느 데이터베이스가 문제 있음을 지적해야 합니다. 그리고 오류가 발견될 경우 계속 수정해 나가기 때문에 해당 체계의 버전도 확인해야 합니다.

라틴어
- Logos Latin Morphology

시리아어
- Leiden Peshitta Institute Syriac Morphology
- Sedra 3 Syriac Morphology

아람어
- Andersen–Forbes Aramaic Morphology
- Comprehensive Aramaic Lexicon Morphology (CAL)
- Logos Aramaic Inscriptions Morphology
- Logos Aramaic Morphology
- Stuttgart Electronic Study Bible (SESB) Aramaic Morphology
- Werkgroep Informatica (WIVU) Aramaic Morphology
- Westminster Aramaic Morphology

음역
- Biblia Hebraica Transcripta (BHt) Morphology

헬라어	• Friberg Greek Morphology
	• GRAMCORD Greek Morphology
	• Logos Greek Morphology
	• Robinson Greek Morphology
	• Swanson Greek Morphology
히브리어 (셈어 비문 포함)	• Andersen−Forbes Hebrew Morphology
	• Logos Hebrew Morphology
	• Logos Semitic Inscriptions Morphology
	• Stuttgart Electronic Study Bible (SESB) Hebrew Morphology
	• Werkgroep Informatica (WIVU) Hebrew Morphology
	• Westminster Hebrew Morphology[59]

---

59 Logos Help. (2018). Bellingham, WA: Faithlife.

이 중에서 로고스 헬라어, 히브리어, 아람어 형태론 체계를 조금 더 자세히 알아봅니다.

Logos 헬라어 형태론 체계

부사(Adverb)

Logos 헬라어	
품사	Adverb/particle Type
Adverb	Conditional
Conjunction	Emphatic
Article	Interrogative
Interjection	Correlative
Adjective	Negative
Noun	Place
Preposition	Superlative
Pronoun	Indefinite
Particle	
Verb	
Indeclinable	

접속사(Conjunction)

Logos 헬라어		
품사	Conjunction Subtype	
Adverb	Adverbial Conditional	Logical Inferential
Conjunction	Adverbial Declarative	Logical Correlative
Article	Adverbial Local	Logical Emphatic
Interjection	Adverbial Comparative	Logical Connective
Adjective	Adverbial Concessive	Logical Transitional
Noun	Adverbial Purpose	Logical Explanatory
Preposition	Adverbial Result	Substantival Content
Pronoun	Adverbial Temporal	Substantival Epexegetical
Particle	Adverbial Causal	
Verb	Logical Ascensive	
Indeclinable	Logical Contrastive	
	Logical Disjunctive	

관사(Article)

감탄사(Interjection): 하위 분류 없음

형용사(Adjective)/명사(Noun)

형용사는 명사를 한정하거나 서술하는 역할을 하기 때문에
형태론 분류 체계가 서로 동일합니다.

대명사(Pronoun)

Logos 헬라어

품사	Pronoun Type	Person	Case	Number	Gender	Pronoun Subtype
Adverb	Reciprocal	First Person	Accusative	Dual	Feminine	Intensive Attributive
Conjunction	Demonstrative	Second Person	Dative	Plural	Masculine	Intensive Predicative
Article	Reflexive	Third Person	Genitive	Singular	Neuter	
Interjection	Interrogative		Nominative			
Adjective	Correlative		Vocative			
Noun	Negative					
Preposition	Personal					
Pronoun	Relative					
Particle	Possessive					
Verb	Indefinite					
Indeclinable						

불변화사(Particle)

Logos 헬라어

품사	Adverb/particle Type
Adverb	Conditional
Conjunction	Emphatic
Article	Interrogative
Interjection	Correlative
Adjective	Negative
Noun	Place
Preposition	Superlative
Pronoun	Indefinite
Particle	
Verb	
Indeclinable	

동사

Logos 헬라어

품사	Tense	Voice	Mood	Person	Number	Case	Gender
Adverb	Aorist	Active	Indicative	First Person	Dual	Accusative	Feminine
Conjunction	Future	Middle	Imperative	Second Person	Plural	Dative	Masculine
Article	Imperfect	Passive	Infinitive	Third Person	Singular	Genitive	Neuter
Interjection	Pluperfect	Either Middle Or Passive	Optative			Nominative	
Adjective	Present		Participle			Vocative	
Noun	Perfect		Subjunctive				
Preposition	Future Perfect						
Pronoun							
Particle							
Verb							
Indeclinable							

비곡용 어휘(Indeclinable)

Logos 히브리어

관사(Article): 하위 분류 없음

접속사(Conjunction)

부사(Adverb)

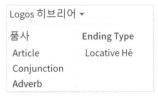

부정어(Negative): 하위 분류 없음

의문사(Interrogative): 하위 분류 없음

형용사(adjective)

Logos 히브리어 ▾				
품사	Gender	Number	State	Ending Type
Article	Feminine	Dual	Absolute	Locative Hē
Conjunction	Masculine	Plural	Construct	
Adverb		Singular	Determined	
Negation				
Interrogative				
Adjective				
Noun				
Preposition				
Pronoun				
Numeral				
Verb				
Interjection				

명사(Noun)

Logos 히브리어 ▾					
품사	Noun Type	Gender	Number	State	Ending Type
Article	Common	Feminine	Dual	Absolute	Locative Hē
Conjunction	Proper	Masculine	Plural	Construct	
Adverb			Singular	Determined	
Negation					
Interrogative					
Adjective					
Noun					
Preposition					
Pronoun					
Numeral					
Verb					
Interjection					

전치사(Preposition)

Logos 히브리어 ▾

품사	Preposition Type
Article	Object Marker
Conjunction	
Adverb	
Negation	
Interrogative	
Adjective	
Noun	
Preposition	
Pronoun	
Numeral	
Verb	
Interjection	

대명사(Pronoun)

Logos 히브리어 ▾

품사	Pronoun Type	Person	Gender	Number	State	Ending Type
Article	Demonstrative	First Person	Feminine	Dual	Absolute	Locative Hē
Conjunction	Interrogative	Second Person	Masculine	Plural	Construct	
Adverb	Personal	Third Person		Singular	Determined	
Negation	Suffixed					
Interrogative						
Adjective						
Noun						
Preposition						
Pronoun						
Numeral						
Verb						
Interjection						

수사(Numeral)

Logos 히브리어 ▼				
품사	**Numeral Type**	**Gender**	**Number**	**State**
Article	Cardinal	Feminine	Dual	Absolute
Conjunction	Ordinal	Masculine	Plural	Construct
Adverb			Singular	Determined
Negation				
Interrogative				
Adjective				
Noun				
Preposition				
Pronoun				
Numeral				
Verb				
Interjection				

동사(Verb)

품사	**Stem**			**TAM**
Article	Qal	Pilpēl	Hiṯpāʿēl	Qāṭal (Perfect)
Conjunction	Qal Passive	Palpal	Hiṯpôlēl	Wᵉqāṭal (Waw + Perfect)
Adverb	Nifʿal	Niṯpaʿʿēl	Hiṯpôlal	Yiqṭōl (Imperfect)
Negation	Hifʿîl	Puʿal	Hiṯpilpēl	Wayyiqṭōl (Waw-Consecutive + Imperfect)
Interrogative	Hofʿal	Pôʿal	Hiṯpalpēl	Wᵉyiqṭōl (Waw-Conjunctive + Imperfect)
Adjective	Piʿʿēl	Pôlal	Eštafʿēl	Imperative
Noun	Pôʿēl	Puʿlal	ʾEṯpaʿʿal	Infinitive
Preposition	Pôlēl	Pᵒʿalʿal	ʾEṯpôʿēl	Participle
Pronoun	Paʿlal	Puʿalal	Tifʿēl	Passive Participle
Numeral	Piʿlēl	Polpal	Hoṯpāʿēl	
Verb	Piʿlal	Hiṯpaʿʿēl	Hoṯpaʿʿal	
Interjection	Pᵉʿalʿal	Hiṯpôʿēl		

Person	**Gender**	**Number**	**State**	**Yiqṭōl Volitives**	**Ending Type**
First Person	Feminine	Dual	Absolute	Cohortative	Energic Nûn
Second Person	Masculine	Plural	Construct	Jussive	Paragogic Hē
Third Person		Singular	Determined		Paragogic Nûn

감탄사(Interjection) : 하위 분류 없음

Logos 아람어

Logos 아람어 문법 체계는 Locative "헤"가 붙지 않는다는 사실을 제외하면, 동사를 제외한 나머지 품사에서 히브리어와 일치한다.

Logos 아람어 ▾				
품사	**Stem**		**TAM**	**Person**
Article	Pᵊ'al	'Itpa'al	Kᵊtaḇ (Perfect)	First Person
Conjunction	Pᵊ'îl	'Itpô'al	Ûḵtaḇ (Waw + Perfect)	Second Person
Adverb	Pô'ēl	'Afēl	Yiḵtuḇ (Imperfect)	Third Person
Negation	Pôlēl	Šaf'ēl	Wᵊyiḵtuḇ (Waw + Imperfect)	
Interrogative	Pa"ēl	Saf'ēl	Imperative	
Adjective	Haf'ēl	Hištaf'al	Infinitive	
Noun	Hof'al		Participle	
Preposition	Hiṯpᵊ'ēl		Passive Participle	
Pronoun	'Itpᵊ'ēl			
Numeral	'Etpᵊ'ēl			
Verb	Hiṯpôlēl			
Interjection	Hiṯpa"al			

Gender	**Number**	**State**	**Yiḵtuḇ Volitives**	**Ending Type**
Feminine	Dual	Absolute	Cohortative	Energic Nûn
Masculine	Plural	Construct	Jussive	
	Singular	Determined		

색인